P9-AFS-528

CABARET NEIGES NOIRES
de Dominic Champagne, Jean-Frédéric Messier,
Pascale Rafie et Jean-François Caron
est le cinq cent dix-huitième ouvrage
publié chez
VLB ÉDITEUR.

des mêmes auteurs

Dominic Champagne:

La répétition, VLB éditeur
La cité interdite, VLB éditeur

Jean-François Caron:

J'écrirai bientôt une pièce sur les Nègres, Les Herbes
rouges

Jean-Frédéric Messier:

Le dernier délire permis, Les Herbes rouges

Pascale Rafie:

Piccolino et compagnie, Éditions Michel Quintin

Dominic Champagne, Jean-Frédéric Messier
Pascale Rafie, Jean-François Caron

Cabaret
neiges
noires

théâtre

vlb éditeur

VLB ÉDITEUR
Une division du groupe Ville-Marie Littérature
1010, rue de la Gauchetière Est
Montréal, Québec H2L 2N5
Tél.: (514) 523-1182
Télécopieur: (514) 282-7530

Maquette de la couverture: Eric L'Archevêque
Photos de la couverture et intérieures: Stéphane Lemieux
Mise en pages: Édiscript enr.

DISTRIBUTEURS EXCLUSIFS:

• Pour le Québec, le Canada et les États-Unis:
LES MESSAGERIES ADP*
955, rue Amherst, Montréal, Québec H2L 3K4
Tél.: (514) 523-1182
Télécopieur: (514) 939-0406
* Filiale de Sogides ltée

• Pour la Belgique et le Luxembourg:
PRESSES DE BELGIQUE S.A.
Boulevard de l'Europe, 117, B-1301 Wavre
Tél.: (10) 41-59-66
      (10) 41-78-50
Télécopieur: (10) 41-20-24

• Pour la Suisse:
TRANSAT S.A.
Route des Jeunes, 4 Ter, C.P. 125, 1211 Genève 26
Tél.: (41-22) 342-77-40
Télécopieur: (41-22) 343-46-46

• Pour la France et les autres pays:
INTER FORUM
Immeuble ORSUD, 3-5, avenue Galliéni, 94251, Gentilly Cédex
Tél.: (1) 47.40.66.07
Télécopieur: (1) 47.40.63.66
Commandes: Tél.: (16) 38.32.71.00
Télécopieur: (16) 38.32.71.28
Télex: 780372

CABARET NEIGES NOIRES
de
Dominic Champagne, Jean-Frédéric Messier
Pascale Rafie et Jean-François Caron
a été créée le 19 novembre 1992
au théâtre La Licorne
par le Théâtre il va sans dire
en coproduction avec Le Théâtre de La Manufacture
dans une mise en scène de
Dominic Champagne
sur des musiques originales de
Catherine Pinard

avec

André Barnard: CHIEN (Cerbère de CHIENNE),
PRIMO, LE DÉMON
(guitares, basses, flûte, oiseaux,
percussions, voix et arrangements)

Marc Béland: MARTIN LUTHER KING
(dit Caïus Duracell, chef percussionniste,
claquettes et voix)

Julie Castonguay: MARIA
(percussions, voix)

Dominic Champagne: BOZO
(guitare, saxophone, trompette, percussions et voix)

Norman Helms: JEANJEAN
(piano et voix)

Roger Larue: CLAUDE, TERRAZZO
(claquettes, gong, cymbale et voix)

Suzanne Lemoine: PESTE
(harmonica et voix)

Wajdi Mouawad: MARIO, SACCO
(klaxons et voix)

Catherine Pinard: CHIENNE, dite LA GRANDE PRÊTRESSE
(piano droit, autres claviers, voix et *tutti quanti*)

Dominique Quesnel: LA VIEILLE DAME
(basse et voix)

selon une scénographie d'André Labbé
assisté d'Élisabeth Savard
avec des chorégraphies de Marc Béland, Suzanne
Lemoine et Danielle Hotte
des éclairages et balances de son de
Claude Boissonneault
une régie de Guy Côté dit Gustave
Serge Tremblay et Anne Plamondon au second souffle
et l'extraordinaire et très généreuse complicité
de Jean-Denis Leduc et Daniel Simard.

Nous tenons à saluer tous les artistes invités qui, au gré de leur fantaisie, ont participé au spectacle et à la Grande fanfare du *Cabaret neiges noires*: Charles Imbeau à la trompette, Jean Petitclerc à la basse et à la guitare, Véronique Poulin au violoncelle, Céline Bonnier dans le rôle de l'ange, Denis Bouchard dans celui du frère de JeanJean, Valérie LeMaire, Benoît Brière, Stéphane Jacques, Anna Meacci et Silvia Guidi à Florence, Jean-Phrède Messier lui-même, Pascale Montpetit pour l'atelier, Mario et Sandra pour la complicité au bar, Christine et Christine du bureau, Stéphane le photographe cuistot pour les longues veilles d'après-spectacles.

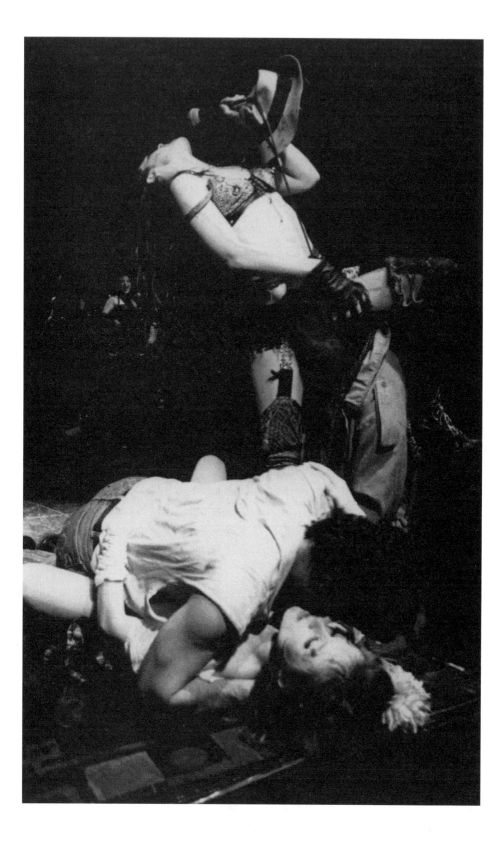

En guise de préface

De la genèse des écritures

Au mois de juin 1991, j'invitais Jean-François Caron, Jean-Frédéric Messier et Pascale Rafie à comploter, dans l'esprit le plus ludique qui soit, l'écriture d'un spectacle commun sur le thème des neiges noires, avec pour commande l'écriture de courtes pièces satiriques. Au fil des mois qui suivirent, nous nous sommes rencontrés pour la lecture impudique de nos textes en chantier, produits en solitaire, nous donnant peu à peu le droit de nous piller mutuellement nos personnages, nos scènes, nos idées, cherchant toujours à savoir ce que, ensemble, nous avions à dire de mal sur le monde qui nous entoure et sur le sens de tout cela.

Au bout d'une dizaine de mois, nous accouchions de près de six ou sept heures de ces courtes pièces, toutes inachevées, pour les offrir à une bande de comédiens que nous avions choisis dans le but de poursuivre ces écritures en atelier et de prendre d'assaut la place publique pour une lecture d'un soir, quelque part en avril 1992. Alors, après une période au cours de laquelle l'anarchie faisait office de principe directeur, et après que chaque auteur eût lui-même travaillé à dégraisser le tout en complicité avec les comédiens, lors de la lecture publique se produisit un moment de théâtre proche de l'illumination, de l'état de grâce: le monde se reconnaissait gaiement dans ce joyeux salmigondis des neiges noires qui nous tombent sur la tête!

À la suite de cette lecture, chaque auteur retourna alors à son travail, avec pour mission d'écrire sa demi-heure, comme proposition de travail pour le début des répétitions avec les comédiens. Deux mois plus tard, chacun s'amenait avec son heure et demie (!) de courtes pièces, et c'est à partir de cet indicible galimatias que s'est constituée la trame de ce cabaret.

Ces textes sont l'œuvre de quatre auteurs, mais aucune scène n'a véritablement été écrite conjointement. Elles ont été raboutées lors des répétitions, par le metteur en scène et les comédiens, dans la fusion de certains personnages ou de quelques rares monologues. Disons seulement, pour le bénéfice des exégètes, que Mario et Maria sont les créatures de Rafie; que Peste, Claude, Lise (fondue à La Vieille Dame), Martin-Maria Casarès, Le Démon, et les manifestes de Jean-Jean, de même que l'«Enterrement» sont l'œuvre de Messier; que Champagne, à travers une dizaine de variations sur l'assassinat de Martin Luther King, s'est occupé du petit Martin et de son errance avec Peste, de La Vieille Dame et des Joyeux Troubadours, de Jean-Jean, du Prologue, de La Prêtresse, avec quelques incartades dans l'univers de Claude («Le chemin» et «L'homme»); et que Caron s'est essentiellement attardé à développer ce que nous avons appelé l'esprit des «décrochages», là où le spectacle est interrompu soit par les déclarations de JeanJean; soit par les comédiens eux-mêmes, qui cherchant son soulier, qui s'adressant aux étudiants dans la salle, qui révélant ses amours avec un spectateur, etc.; soit par les magnifiques chansons d'amour que sont *Nous ne savons pas encore comment* et *Ils ne le montrent pas*.

Les auteurs tiennent à saluer les comédiens pour leur complicité dans l'exploration de leurs textes, particulièrement Dominique Quesnel dont les improvisations auront largement inspiré Champagne pour les scènes d'introduction aux opérettes, Norman Helms pour son récital Brel et Wajdi Mouawad pour la complainte du Libanais de service intitulée *Wajdi's Blues*.

Précisons également que le présent texte a été mis à jour après quelque soixante-quinze représentations et qu'il reflète l'état du spectacle là où il a été laissé par l'équipe de création. Personne ici, ni les auteurs ni les acteurs, ne prétend à une œuvre achevée, souhaitant même plutôt le contraire, que l'œuvre demeure en chantier, qu'elle s'adapte à l'actualité, aux talents des comédiens et au théâtre où la fête a lieu!

Enfin, saluons l'extraordinaire et incommensurable contribution de Catherine Pinard à la composition et à la direction musicale. En complicité avec André Barnard, ils se sont donnés corps et âme à ce qui est finalement devenu une manière d'œuvre opératique.

De la mise en scène

Pour la lecture de cette pièce tissée de plus d'une quarantaine de courtes pièces plus ou moins détachées les unes des autres, nous croyons qu'il est utile de saisir l'esprit de mise en scène qui a imprégné la création de ce spectacle qui emprunte en fait à la forme du cabaret dans le dessein de nourrir la trame d'un développement théâtral plus dramatique. Il s'agissait tout d'abord pour nous de livrer la scène aux acteurs, de faire en sorte que chaque scène soit présentée aux spectateurs comme un numéro d'acteur, un numéro de cabaret, voire de cirque, qu'elle ait son éclairage propre, sa musique ou son atmosphère sonore, les accessoires entrant et sortant au besoin, tel un trapéziste faisant descendre ses câbles et tendant son filet avant de s'élancer au-dessus du vide.

L'action dramatique se présentait ainsi perpétuellement en rupture d'une scène à l'autre, d'un lieu à l'autre, par de continuels effets de surprise, l'atmosphère passant de la farce grotesque au tragique le plus intime, du trop-plein le plus saturé au silence le plus inquiétant, du rythme le plus effréné aux lenteurs les plus religieuses, du rock le plus agressif au récitatif poétique le plus recueilli, le tout sans cesse présenté dans une bonne franquette plus ou moins gitane qui, peu à peu, agissait comme le rituel même de cette représentation. Comme au cirque d'ailleurs, chaque comédien qui ne jouait pas participait en spectateur aux scènes des autres comédiens, sur la scène même ou dans les coulisses «à vue» qui entouraient la scène.

À travers ce désordre plus ou moins organisé, à travers cette trame plus ou moins effilochée (il nous importait d'ailleurs de ne pas trop polir, de ne pas trop lécher cette présentation, mais bien, comme le disait Caron, «de laisser dépasser les petits fils qui pendent») s'entremêlaient les scènes dites de «décrochages», principalement provoquées par les interventions de Jean-Jean provenant de la salle, mais aussi par les comédiens eux-mêmes, où subitement la représentation se trouvait contrecarrée par la contestation même de cette représentation. Les textes de ces scènes constituent donc des partitions sur lesquelles les comédiens, dans leur réaction à ces diverses interventions, improviseront en grommelant, chacun à part soi ou pour être entendu, selon le cas. C'est ce que, avec Suzanne Lemoine, nous avons convenu d'appeler le «grommelo» des comédiens, dont on retrouvera les traces (çà et là) et en notes de scène.

Enfin, si la trame dramatique de cette pièce semble parfois relativement incohérente, c'est peut-être parce que cette incohérence nous a semblé, pour l'heure et plus que tout, porteuse de sens. Comme si, pour employer l'expression de Paul Auster, «l'absence de signification était le principe initial».

DOMINIC CHAMPAGNE

Scénographie

Une scène vide, avec proscenium avançant vers le public.

Au fond, côté cour, l'orchestre et ses claviers, guitares, basses, percussions, micros, bouteilles vides suspendues, etc.

À l'avant-scène, toujours côté cour, un demi-rideau, vieillot, sur lequel est cousu un ridicule costume de théâtre avec chapeau, pour le «Prologue».

Côté jardin, deux chaises fondues en une seule, dos à dos, roulantes, pour La Vieille Dame et Martin Luther King.

Au centre de l'avant-scène, une toile servant de rideau, sur laquelle est peint, entre autres graffiti, le visage de Martin Luther King, toile qui pourra tomber au besoin.

Tout autour de cette scène, une rampe de lumières et, au sol, les coulisses des comédiens et un fouillis d'accessoires, à vue.

Sur les murs du théâtre, une multitude de petits papiers, collés, faisant constellations.

Quelque part dans la salle, au plafond est suspendue une cymbale.

Au fond de la salle, derrière le public, un bar où sera assis JeanJean.

Les costumes semblent sortir des marchés aux puces, du fond des ruelles, des poubelles ou des garde-robes des comédiens.

C'est ainsi du moins qu'à la création, grossièrement, cela se présentait.

Premier set

Prologue

Pendant que les comédiens, qui errent dans la salle et discutent tantôt entre eux, tantôt avec les spectateurs, attendent le go du régisseur, le comédien prénommé Wajdi est couché sur la scène à la méditerranéenne, c'est-à-dire presque endormi. Au signal du régisseur (surnommé Gustave pour les besoins de la fiction) donné à Dominic qui le transmet aux autres comédiens par un «merde» bien senti qui circulera bientôt de l'un à l'autre par-dessus les têtes des spectateurs, tous vont rejoindre Wajdi et s'inquiéter de ce que ce dernier n'ait toujours pas retrouvé la chemise dont il a besoin pour incarner son personnage, chemise qu'il a vraisemblablement égarée, ce qui invraisemblablement semble vouloir empêcher la représentation de débuter tout à fait. Dominic invite alors Roger à revêtir son costume de Prologue tandis que les comédiens envahissent les coulisses, certains mettant une dernière main aux préparatifs, les musiciens accordant leurs instruments, tout un chacun invitant Wajdi à retrouver sa chemise au plus sacrant. C'est donc dans cette atmosphère doucereusement anarchique de début de spectacle plus ou moins raté qu'entre Le Prologue.

LE PROLOGUE

Ami public, bonsoir…
La scène est à Montréal
Et vous avez devant vous
Ce que la magie du théâtre depuis des siècles
Vous présente comme étant Le Prologue
C'est-à-dire ce personnage
Plus ou moins incarné
Qui entre au début de la pièce
Pour introduire l'action en situant le décor
Le contexte de l'histoire, *et cætera…*

Seulement ce soir je me fais aucune illusion
Sur la pertinence de ma présence
Sur cette scène devant vous
Ni sur les possibilités que j'ai
De vous faire croire que je suis
Rien d'autre qu'un simple comédien
Qu'un metteur en scène a appelé
Pour lui proposer n'importe quel rôle
Et qui a accepté de jouer
Tout bonnement pour gagner sa vie
De façon plus ou moins honorable
En sachant pertinemment qu'un autre comédien
Aurait très bien pu venir faire tout ça
À ma place aussi bien que moi sinon mieux
S'il avait eu la chance d'être appelé
Par le metteur en scène avant moi

La scène est à Montréal
C'est pas une convention théâtrale
C'est la dure réalité de la vie
Disons que c'est le point A d'un spectacle
Qui devrait aboutir — si tout va bien —
À un point B qui sera la fin du spectacle
(C'est clair)

On vous invite d'ailleurs
À boire généreusement d'ici là
Normalement ça devrait vous aider
À passer au travers

Parce que y a un problème
Avec le spectacle auquel vous allez assister
Quand je vais finir par me taire
C'est que ce spectacle sur lequel on a sué
Depuis des mois pour un salaire de crève-faim
Et pour lequel vous avez payé
Probablement trop cher
Eh bien ce spectacle-là
N'a aucun sens

Entre Wajdi, catastrophé.

WAJDI

Roger!

ROGER

Oui?

WAJDI

Excuse-moi t'as pas vu ma chemise?

ROGER

Ta chemise? Non Wajdi…

WAJDI

Ah, c'est commencé?

ROGER

Mais oui, c'est commencé!

WAJDI

Ah merde!

*Devant le grommelo des comédiens, Wajdi sort,
suivi de Dominic.*

DOMINIC

(Tu le vois, mon pied.)

Roger Le Prologue est décontenancé.

LE PROLOGUE

Donc ce spectacle-là n'a aucun sens…
Je veux pas dire qu'on n'a pas cherché
Depuis des mois à y donner un sens
À ce spectacle-là
Je veux pas dire que c'est volontaire
Si ce que vous allez voir est insignifiant
Allez surtout pas croire
Qu'on a la conscience tranquille
De faire ce qu'on fait là on sait très bien
Que l'artiste a une responsabilité
Envers la société dans laquelle il vit
Mais on sait qu'on a failli à notre tâche
Et nous préférons vous en aviser

La scène est à Montréal
Et ce que nous allons jouer ce soir
Chacun est libre d'en penser ce qu'il veut
Ou — ce qui serait plus normal
Dans l'état actuel des choses —
De rien penser du tout

(Après tout on est dans un pays libre
Puisque la scène est à Montréal
Libre de dire et de penser n'importe quoi
Parce que de toutes façons
Personne veut rien savoir
Mais ça c'est un autre problème
Pis on rentrera pas là-dedans)

Ami public
La scène est à Montréal dans un cul-de-sac
Et si nous savons notre devoir d'artiste

De vous en faire sortir de ce cul-de-sac
Ou à tout le moins bien humblement
De tenter de faire jaillir une parcelle
D'étincelle au bout du tunnel
Eh bien malgré toute notre bonne volonté
Nous ne savons pas comment

La scène est à Montréal
C'est le début de l'hiver
Et s'il est vrai que c'est dans la nuit
La plus noire que les étoiles
Nous apparaissent le mieux
Ce soir il neige de la neige noire
Dans le ciel de Montréal
Avec une légère odeur de pourri
Qui plane au-dessus de nos têtes

Le bar est là
Bonne soirée quand même

dc

Nous ne savons pas encore comment

Chant fraternel

LES COMÉDIENS

Des milliards de mâles
Des milliards de femelles
Et des milliards de bâtards plus tard
Après des visites à la lune
Et moult entorses à la loi
Les vivants survivant au bilan des guerres
Ne nous disent rien de plus
Que ce que nous savons déjà
Que nous ne savons pas encore comment

PRÊTRESSE

Les trois quarts des sentiments sont enfantins
Et les autres le sont aux trois quarts
Mais tout ce bruit sur les paroles enterre
Et les enfants crissent des bombes dans les tambours

LES COMÉDIENS

Il y a
Des milliards de mâles
Des milliards de femelles
Et des milliards de bâtards

Dans les crevasses de l'espèce
Et les fêlures de la nature
Et sous les siècles des siècles
Nous espérions
Nous espérions
Et luisaient des pierres de miracles dans nos paumes
Promesses scellées de top secret dans les atomes
Des hiéroglyphes de paix pour tresser la détresse
Affichée sur nos murs cet été de kermesses
Au bout
De milliards de mâles
De milliards de femelles
Et de milliards de bâtards
Nous sommes encore là
Et nous sommes encore là
Et nous sommes encore là
Parce que nous ne savons pas encore comment
Nous ne savons pas encore comment

jfc

Naissance du clown noir

PRÊTRESSE
Maquillage!

> *Les comédiens s'emparent de Martin Luther*
> *King et le portent en hurlant au centre de la*
> *scène où Bozo lui beurre la figure de crème*
> *noire, suivant les commandements de La*
> *Grande Prêtresse.*

PRÊTRESSE
Plus noir.

> *Bozo maquille Martin.*

PRÊTRESSE
Plus noir.
Le nez.

> *Même jeu.*

PRÊTRESSE
Le nez!

> *Même jeu.*

PRÊTRESSE

Bien...

Roulement de tambour.

PRÊTRESSE

Ami public, Martin Luther King junior...

Cymbale.
Silence.

PRÊTRESSE

Maintenant Martin, sors-nous ton clown!

Percussion.

MARTIN

J'ai pas l'âme à rire, je vous le jure.

PRÊTRESSE

Sors-nous ton clown, j'ai dit. Récite-nous ta petite comptine.

Percussion.
Martin salue tristement La Vieille Dame qui lui renvoie son salut.

MARTIN

I have a dream, par Martin Luther King.
Je fais un rêve. Oui je fais un rêve...
Et même si nous devons affronter
Les malheurs d'aujourd'hui
Et les souffrances de demain
Je fais pourtant un rêve
C'est un rêve...
C'est un rêve...

Il hésite, sourit.

C'est un rêve... euh...

Même jeu.

Je fais un rêve, par Martin Luther King.
Je fais un rêve. Oui je fais un rêve...
Et même si nous devons affronter
Les souffrances d'aujourd'hui
Et les malheurs de demain
Je fais pourtant un rêve
Je rêve qu'un jour...
Je rêve qu'un jour...

*Il hésite, sourit tristement sous les rires de Prê-
tresse.*

Je fais le rêve qu'un jour sera...
Je fais un rêve par Martin Luther King.
Je fais un rêve. Oui je fais un rêve...
Et je vous dis que même si nous devons
Affronter aujourd'hui les souffrances
De demain je fais pourtant un rêve
Je fais le rêve qu'un jour sera...

Même jeu.

Où...

*Il s'arrête, soupire, cherche, retient une larme,
reprend.*

Je fais un rêve, par Martin Luther King.
Je fais un rêve. Oui je fais un rêve...
Et je vous dis que même si nous devrons
Affronter demain les mêmes souffrances
Qu'aujourd'hui je fais pourtant un rêve

Oui je fais un rêve
Oui je fais un rêve
Oui je fais un rêve
Oui je fais un rêve
Par Martin Luther King

> *Tarte à la crème et détonation.*
> *Il s'effondre et pleure à gros bouillons.*
> *Complainte gitane jouée par Chien sur sa gui-*
> *tare électrique et psalmodiée par La Vieille*
> *Dame et le chœur des comédiens.*

LE CHŒUR

Va va va va va va va

> *Une longue canne rouge jaillit de la coulisse,*
> *tenue par Bozo qui attrape Martin et l'y tire.*

PRÊTRESSE

Maintenant va jouer dehors Martin
Va te perdre
Dans les rues de Putainville
Pis essaye de faire un homme de toi
Y a des montagnes à déplacer Martin
Le monde entier t'attend
Tous les quêteux qui ont pus le courage
De lever les yeux sur les mains
Qui leur donnent rien depuis des années
Tous les vieux fous qui crayonnent
Le portrait des anges sur le trottoir
Qui s'efface sous la pisse des chiens
Tous les ivrognes qui rêvent
À la multiplication des soupes populaires
Tout ce monde-là a besoin de toi Martin
Va leur annoncer la bonne nouvelle
Va leur jouer ton grand numéro comique
Va

Bozo

Enwoye va ti-gars, va!

Martin Luther King s'effondre en coulisses.

dc

Coup de foudre

Macabres pianoteries.

PRÊTRESSE

Une route déserte
De chaque côté
L'infini de la solitude humaine
Et tout à coup...

> *Entrent Mario et Maria, chacun sa valise en main.*
> *Coup de foudre.*

MARIO ET MARIA

Ah!

Douceureuses clavecineries.

MARIO

Est-ce que c'est elle?

MARIA

C'est lui?

MARIO

Ah mon Dieu, c'est elle.

MARIA

Oui. C'est lui.

MARIO

Enfin.

MARIA

Toi?

MARIO

Oui. C'est moi… Et c'est toi?

MARIA

Oui. Moi aussi, c'est moi.

MARIO ET MARIA

Ah!

Ils sont face à face.

MARIA

Tes yeux.

MARIO

Ah, ton regard.

MARIA

Ton sourire.

MARIO

Ah, tes lèvres.

MARIA

Tes dents.

MARIO

Ah, ta bouche.

MARIA

Ta pomme d'Adam.

MARIO
Atmosphère.

MARIA
Tes épaules.

MARIO
Tes bras.

MARIA
Tes mains.

MARIO
Tes mains.

> *Ils se prennent les mains, échappent leur valise*
> *dont le contenu se répand sur la route.*

MARIA
Ah! Tes chemises.

MARIO
Tes bas de nylon.

MARIA
Tes caleçons.

MARIO
Ton séchoir à cheveux.

MARIA
Ton fer à repasser.

MARIO
Tes pantoufles.

MARIA
Ton pyjama.

MARIO
Ton fil de soie dentaire.

MARIA ET MARIO
Ta brosse à dents. Rouge.

Ils se regardent.

MARIA
Je t'aime.

MARIO
Je t'aime.

MARIA
Dis-le-moi encore.

MARIO
Je t'aime.

MARIA
Encore.

MARIO
Je t'aime.

MARIA
Encore.

MARIO
Je t'aime.

MARIA
Encore.

MARIO
(Face au public.) Je l'aime.

MARIA
Moi aussi.

MARIO

Elle m'aime.

MARIA

(Face au public.) Mais oui.

MARIO

Moi aussi. Mais.

MARIA

Mais?

MARIO

Depuis que je suis tout petit.

MARIA

C'est pas grave.

MARIO

J'haïs les aubergines.

MARIA

Ah?… On mangera des zucchinis, d'abord.

MARIO

Des zucchinis?

MARIA

Mais oui, des zucchinis!

MARIO

Des zucchinis!

MARIA

Mais oui, des zucchinis!

MARIO

Tu es la femme de ma vie.

MARIA

Tu es l'homme de ma vie.

MARIO

Allez hop, on dégage!

MARIA

Ah oui, partons! *(Elle saute dans ses bras.)* Ah!

MARIO

Des zucchinis!

Ils s'effondrent en s'embrassant.

pr

Downtown Putainville

Rock chanté-parlé pour guitare, basse, orgue,
cuivres et percussions

Peste, enfant recroquevillée, tranquillement s'age-
nouille.
Macabres pianoteries.

PRÊTRESSE
Dire qu'aujourd'hui le temps est maussade
Serait un euphémisme
L'enfant qui est née hier matin
Expulsée du ventre de sa fille-mère
Et qui ce soir sera déposée
Aux sirènes de minuit
Dans les mains
Des derniers recours
Et des hasards glacés
Quelle femme sera-t-elle demain
Quand le tribunal l'aura condamnée
À hurler prostrée comme une chienne
Qui veut faire descendre la lune
Comme une chienne qui appelle le démon
Comme on souhaite tous un jour ou l'autre
Sentir le froid d'un canon de fusil
Au milieu de notre front

Elle hurle.
Peste ôte sa robe de petite fille et se déchaîne.

jfm - jfc - dc

Rock.

PESTE

Y a-tu quelqu'un icitte
Qui veut se faire enlever le bâton
D'entre les jambes
On va te mettre ça dans le grinder
Mon homme
On va te mettre ça dans machine
Y te restera pus rien avant demain
Viens viens moman
Va te passer la queue
Dans l'blender
On va te faire une job à scie ronde
Une job que tu vas t'en rappeler

PRÊTRESSE

Elle est née à Putainville
Une des villes fantômes
Sur la frontière du rêve et de l'Amérique
Bordeltown
Des rues et des rues
D'édifices anonymes
Et de boulevards sans nom
Et de falaises de béton
Et c'est la tristesse qui couvre le ciel
De Putainville
Et qui tombe lente et drue
Pour mourir sous des rues et des rues
D'édifices anonymes
Et de déserts de béton

PESTE

Ah l'show y est icitte à soir
J'ai un douze que je me mets dans le cul
Mais c'est le double
Pour peser su' l'piton

PRÊTRESSE

Ils sont libres
Comme des rats sont libres
D'être des rats dans un monde de rats

Sirène.

PESTE

Heille Ratman
Ici Ratwoman
We're surrounded by rats
What do we do?

Silence.

We shoot until y a pus rien qui move?
O.K. do.

Reprise.

PRÊTRESSE

Condamnés à mort condamnés à survivre
Bordeltown
Là où le soleil n'éclaire
Qu'une demi-heure par jour
C'est entre midi et midi et demi
Que les cent mille visages blafards
De Putainville
Se lèvent vers le ciel
Et la peau leur grille sur les os

PESTE

Y en a qui m'appellent Alice
Y en a qui m'appellent Alex
Y en a qui m'appellent Aline
Y en a qui m'appellent Alain
Y en a qui m'appellent mon petit crisse
Mais la plupart m'appelle…
… Peste

Pis moi
Moi j'plante mes ongles
Dans la chair des étrangers
Qui payent cher
L'envie de baiser
Les filles condamnées
De Putainville
Je gagne ma vie à réduire
Les hommes en petits garçons
Là où se rejoignent le plaisir
Et l'humiliation

PRÊTRESSE

Et tu viendras la voir
Un jour noir à Putainville
Et tu lui diras ton nom

PESTE

Pis tu vas me dire c'que t'es

PRÊTRESSE

Elle crachera sur ton sexe

PESTE

Pis m'as cracher sur ta queue

PRÊTRESSE

Elle te fera goûter à son sang

PESTE

Pis m'as m'ouvrir les veines su' ta face

PRÊTRESSE

Puis elle lèchera tes blessures

PESTE

Pis je vas lécher tes blessures

PRÊTRESSE

Avec du sel sur sa langue

PESTE

Avec du sel sur ma langue
La baise de la fin du monde
Est une gracieuseté de Fuck You
Et vous parvient directement
De Downtown Helltown

Silence.

PESTE

Je t'appellerai
«Mon amour»

Finale.

jfm

Sur le cul

Macabres pianoteries.

PRÊTRESSE

Le soleil brille
Le ciel est bleu
La vie est belle
Des enfants meurent de faim chaque jour
Dans des villes au nom pas possible
Mais eux ils s'en foutent
Ils sont deux
Ils sont jeunes
Ils sont beaux
Ils ont toute la vie devant eux

> *Étendus par terre, Mario et Maria respirent, sou-*
> *pirent et transpirent.*

MARIA

Ah!

MARIO

Ah!

MARIA

Est-ce que tu crois qu'on va toujours jouir comme ça,
Mario?

MARIO

Oui Maria.

MARIA

Ah!

MARIO

Ah!

MARIA

Est-ce que tu crois qu'on va s'aimer toute la vie comme ça, Mario?

MARIO

Oui Maria.

MARIA

Ah!

MARIO

Ah!

MARIA

Est-ce que tu crois qu'on va être heureux toute la vie comme ça, Mario?

MARIO

Est-ce que tu crois que je vais bander toute la vie comme ça, moi, Maria?

MARIA

Ah oui, Mario, j'en suis sûre!

Cris et râles amoureux.

MARIO

Ah!

MARIA

Ah!

MARIO

Ah!

MARIA

Ah!

MARIO

Ah!

Cris et râles solitaires de Mario.

MARIO

Ah ah ah…

MARIA

Mario? Mario? *(Au public:)* Excusez-nous.

Tous ces cris et ces râles n'aboutissent qu'à une jouissance ténue.

MARIO

Ah!

MARIA

Bon!

MARIO ET MARIA

Ah!

Rideau.

pr

So what Soweto? 1

Pénombre. Flûte, tintements cristallins et vagis-
sements en sourdine.

CLAUDE

Mon cerveau est (si) lent
(Il me faut) tout d'abord
Constamment
Me rappeler
(Que) je suis là
Je suis celui qui porte cet imperméable
Qui me recouvre
Et puis après
Beaucoup plus tard
Je dois
Constater (ce qui m'entoure)
Ce qui
En définitive
Non
Cela serait s'avancer
Et moi je n'avance pas
Je dois reconnaître l'existence
De ce qui
Quand je le touche
Ne ressent rien
Ou du moins

Moi je ne ressens pas
Que cette chose est touchée
Quand je la
(Touche)

Il y a
Il y a un univers d'univers
Dans ce qui est différent
De moi
Voilà

                                        jfm

La chemise

Wajdi entre en rampant et interrompt inopiné-
ment la scène.

WAJDI

Roger, excuse-moi, Roger, t'es vraiment sûr que t'as
pas vu ma chemise?

ROGER

Ben voyons, Wajdi. J'étais en train de jouer, là, han.

WAJDI

Mais maintenant, c'est à moi de jouer, et j'ai perdu ma
chemise, Roger. Et moi, jouer sans ma chemise…

ROGER

Mais oui. Mais là, là, Wajdi, là, là… Ta chemise… On
est devant du monde là.

PRÊTRESSE

(Wajdi, on enchaîne mon chéri.)

Grommelo des comédiens.

WAJDI

Je trouve que tu manques de générosité, Roger.

DOMINIC

(Wajdi, on n'est pas au Liban ici, là.)

ROGER

(Ben voyons, Wajdi.)

MARC

(Montant sur scène.) Gustave, voudrais-tu me donner un peu d'éclairage, s'il te plaît?

Lumières.

ANDRÉ

(Mais voyons, c'est quoi ça, encore?)

WAJDI

Ah, c'est ça! Quand Marc Béland veut parler, lui! Évidemment…

DOMINIC

(Wajdi, tu le vois, mon pied?)

MARC

Excusez-moi, j'aimerais simplement profiter de ce petit moment de confusion pour faire une petite incursion dans les modalités de paiement des acteurs.

ANDRÉ

(Ben voyons donc!)

SUZANNE

(Bon que c'est ça encore?)

MARC

Oui… Euh… Nous autres, on est des acteurs (nous autres et plus particulièrement moi qui me suis donné par les années passées dans toutes sortes de grands rôles du répertoire classique et dans des salles où, il va sans dire, le monde a pas besoin d'être informé sur les modalités de paiement des acteurs et où de toute façon le chèque peut arriver à faire oublier le flop).

DOMINIC

(Le flop?)

ANDRÉ

(Comment ça le flop?)

SUZANNE

(Ben voyons donc!)

MARC

C'est juste que je vois bien que tout le monde ici ce soir sait pas où ni quand ni quoi applaudir comme au TNM ou à la NCT*.

DOMINIC

(Ah bon!)

ANDRÉ

(Ben voyons donc!)

MARC

Je me mandate donc officiellement par le gouvernement de *Cabaret neiges noires* pour régler cette vulgaire question d'applaudissements (qui m'empêche de me concentrer tout à fait). Vous êtes dans un show où on sait jamais quand applaudir et ou même on sait pas s'il faut applaudir ou pas. Il faut applaudir. Voilà. C'est tout. Merci.

---

* À l'époque de la création de ce spectacle, le comédien Marc Béland était reconnu pour ses nombreuses tentatives d'interprétation des grands rôles du répertoire classique, notamment celui d'Hamlet au TNM. Quelques mois plus tard, soit avant la reprise de *Cabaret neiges noires*, il triomphait finalement dans la pièce *Caligula* dont il interprétait brillamment le rôle-titre à la NCT, ce qui lui valut d'ailleurs le prix de la critique. C'est donc sans fausse modestie qu'il pouvait dès lors exiger des spectateurs la rançon de sa gloire désormais assurée. (N.D.A.)

DOMINIC

Marc Béland, mesdames et messieurs. Marc Béland. *(S'adressant à Marc:)* (Bon tu l'as eue ta claque, là.)

jfc

Sur la route

Doucereuses clavecineries.

PRÊTRESSE
Une route déserte
De chaque côté
L'infini de la solitude humaine
Et tout à coup...

Entrent Mario et Maria.

L'amour l'amour l'amour
Acharné à aimer
Pour ne pas être trop seul
À errer au milieu des solitudes

Ils s'arrêtent.

MARIA
Mario?

MARIO
Hum?

MARIA
À quoi tu penses?

MARIO

Je pense que je t'aime.

MARIA

Ah! Tu le penses ou bien c'est vrai?

MARIO

Si je le pense, c'est que c'est vrai.

MARIA

Mais oui, mais je veux dire: t'es sûr ou t'es pas sûr?

MARIO

Est-ce que je te le dirais sinon?

MARIA

Comme ça, tu m'aimes?

MARIO

Je viens de te le dire, oui.

MARIA

Et tu m'aimes comment?

MARIO

Je t'aime: je t'aime! Y a pas trente-six mille façons d'aimer.

MARIA

Tu penses?

MARIO

Je pense pas. C'est comme ça.

MARIA

Et tu me demandes pas si je t'aime?

MARIO

Bon, bon, O.K. Est-ce que tu...

MARIA

Je t'aime tellement, Mario!

MARIO

Et tu m'aimes comment?

MARIA

Je t'aime à la vanille, aux fraises, au chocolat! Je t'aime jusqu'à la dernière goutte, je t'aime jusqu'à la lie!

MARIO

Et qu'est-ce que ça te donne de m'aimer?

MARIA

Mario!

MARIO

Qu'est-ce que ça te fait?

MARIA

Ça me fait mal.

MARIO

Bon, ça recommence.

MARIA

C'parce que t'es loin.

MARIO

Je peux pas être plus proche de toi: on marche tous les deux côte à côte sur la même route, dans la même direction, vers la même ville.

MARIA

Mais oui, mais je te sens comme pas.

MARIO

Qu'est-ce que tu veux de plus?

MARIA

Mario!

MARIO

Un vrai bébé!

MARIA

Chus pas un bébé. Chus une fille! Avec des sentiments, tu sauras! Des vrais! Tandis que toi, des fois, je
me le demande...

MARIO

Bon, on va arrêter de niaiser, là. Tu le sais que je
t'aime! Tu le sais que je t'aime. Bon!

> *Il la frappe. Elle le frappe.*
> *Même jeu.*

MARIA

Tu m'aimes vraiment?

MARIO

Tu me croiras jamais!

MARIA

Je te crois, je te crois, mais t'sais... C'est quoi l'amour?

MARIO

Ah non! Je rentre pas là-dedans à soir.

MARIA

Non, mais c'est vrai, finalement: c'est quoi l'amour?
Est-ce que c'est de la matière? Est-ce que c'est de
l'énergie? Et par quelle espèce de pouvoir miraculeux
arrive-t-il à juguler l'angoisse de vivre qui nous étreint
chaque jour au réveil? Mystère!

MARIO

Tu te poses trop de questions. Allez! Marche. On n'ar-
rivera jamais.

MARIA

Où ça?

MARIO

Beyrouth! Port-au-Prince! Bagdad! Sarajevo!

MARIA

Montréal?

MARIO

Ah non, pas Montréal!

MARIA

Ah oui!

MARIO

Ouais, ben on verra, Montréal, allez!

Ils sortent.

pr

Blues

Macabres pianoteries.

PRÊTRESSE

Ce petit homme est une promesse…
Ça pourrait être
Un extraordinaire communicateur mais
Il n'aura jamais aucun message à livrer
Ça pourrait être
Un homme d'action incomparable mais
Il ne saura jamais quoi faire de son corps
On l'accueille ce soir en désespoir de cause
En sachant bien qu'il ne changera pas
La face du monde
Mais c'est pour ça qu'on l'aime
Le voici le voilà
Martin Tizoune Luther King junior

> *Entre Martin Luther King qui s'avance en dis-*
> *courant sous le regard attendri de La Vieille*
> *Dame.*
> *Violence dans la cadence.*

MARTIN LUTHER KING

I have a dream that one day, down in Alabama, with
its vicious racists, with its governor having his lips

dripping with the words of interposition and nullification. One day right there in Alabama little black boys and black girls will be able to join hands with white boys and white girls as sisters and brothers! Yes I have a dream today!

> *Détonation.*
> *Il reçoit une tarte à la crème au visage et s'effondre.*
> *Silence.*
> *Peste est plantée derrière lui.*
> *Musique.*
> *Les phrases entre parenthèses indiquent les passages parlés.*

PESTE

Couchée sur le plancher
Ligne deux station Laurier
J'ai les yeux trop cernés
Pour voir le ciel briller
Hé hé hé hé hé hé hé hi heille
Ah non c'est pas un bon moment
Maman maman maman maman
Maman maman maman
Tout le monde me tourne le dos
La mort me vole le show

(Ouin pour moi la paye sera pas)
Forte forte à soir mon Martin
Falloir qu'on se trouve un autre spot
Si on veut se dénicher de quoi
Se la défoncer comme faut
Une mauvaise fois pour toutes)

La Terre est à l'année zéro
(Zéro comme dans Ouellet ouin)
Y a pus rien à faire icitte)
Non c'pas l'début d'un temps nouveau

L'trois quarts du monde ont cinquante ans
(Cinquante, cinquante-cinq, soixante, soixante-cinq
Pis plus ça va aller pire ça va être)
Les femmes font l'amour dang'reusement
Hé hé hé hé hé hé hé hi heille
Oh non, c'est pas le début d'un temps nouveau
Les jeunes travaillent presque pus
L'insouciance est la seule vertu

Combien de temps maman
Combien de temps ça prend
À tout c'qu'il y a d'révoltant
À tout c'qu'il y a d'écœurant
Pour devenir un cliché
Hé hé hi heille
Combien de temps maman maman
(Combien de temps ça a pris
À ton petit gars de dix ans
Pour devenir un dopé ben accroché
Pis à ta petite pute de treize ans
Pour devenir une grande pute
De quatorze ans
Han combien de temps maman)
Tout le monde me tourne le dos

    Silence.

La mort la mort la mort me vole le show

    Finale.
    Peste observe le corps de Martin, gisant.

    Bozo
(Voix off.) Station Laurier, code 44
Station Laurier

PESTE

Le show est fini Martin
Viens-t'en on s'en va
Y a pas une cenne à faire icitte
Enwoye Martin viens-t'en
Avant qu'y viennent te ramasser
Martin niaise-moi pas

BOZO

(Voix off.) Station Laurier, code 44

PESTE

Martin
Joue pas avec mes nerfs on rentre là O.K.
Je sais pas où là mais on rentre grouille
Enwoye lève-toi pis marche
Regarde ben là là si tu viens là
On va aller chez chose là t'sais
On va aller regarde ben
On va aller au Pool Room
Manger un roteux pis une graisseuse
Pis après on va aller voir les filles O.K.
Pis après on va aller chez chose là t'sais
En arrière où ce que j'm'étais fait
Rentrer un couteau dans l'jos v'là deux ans
À cause de ton affaire là t'sais
Pis on va s'en faire fronter un peu
Pis après on va y aller voir le floor show
'Ec les filles O.K.
Martin
Y me reste encore un fond de Jack Daniel's
Laisse-moi pas toute seule 'ec ça
Martin
C'est à cuillère qu'y vont te ramasser

BOZO

(Voix off.) Station Laurier, code 44

PESTE

Ah pis reste dans ta christ de marde
Si c'est ça que tu cherches

dc

Alcools 1

JEANJEAN

Vous pensez que vous allez m'enlever le petit restant de
goût de vivre qui me reste en me montrant des histoires
de même, vous autres, han, c'est ça que vous pensez?

Un temps.

PRÊTRESSE

(Merde.)

JEANJEAN

Voulez-vous que je vous dise ce que je pense, moi?
M'as vous le dire ce que je pense. Pis m'as vous le
dire comme je le pense. Ce que je pense, c'est simple:
c'est qu'eux autres, là, en avant, c'est toute une gang
de trous de cul.

DOMINIQUE

(Catherine.)

JEANJEAN

Toute la gang!

PRÊTRESSE

S'il vous plaît!

JEANJEAN

Sauf toi, ma belle…

Grommelo des comédiens.

DOMINIQUE

Heille, j'avais pas dit pas plus tard qu'hier que si c'te gars était encore icitte à soir...

PRÊTRESSE

Dominique!

JEANJEAN

C'est ça que je pense. Pis je vous le dis comme je le pense. C'est toute une gang de trous de cul. O.K.

DOMINIQUE

Sortez ce gars-là d'ici sinon je joue pas à soir.

SUZANNE

Heille, je m'excuse de te voler de ton temps! On peut-tu faire notre show sans que ça t'écœure trop?

JEANJEAN

(Au micro.) Une gang de trous de cul!

LES COMÉDIENS

Heille!

SUZANNE

On le sait là, merci.

PRÊTRESSE

O.K., JeanJean, s'il vous plaît, on a un show à faire, là.

JEANJEAN

Ça me fait rien, moi. Je me sacre pas mal de vous autres, si vous voulez le savoir. Je m'en sacre complètement, je vous écoute même pas.

JULIE

(Bon.)

JEANJEAN

O.K.

PRÊTRESSE

O.K. JeanJean.

JEANJEAN

Nonon!

PRÊTRESSE

S'il vous plaît!

JEANJEAN

C'est correct! Heille! Vous savez pas qui c'est que chus, moi, han? Ben regardez-moi ben parce que vous me verrez pus la face icitte avant un christ de boutte.

DOMINIQUE

(C'est ça.)

JULIE

(Parfait.)

JEANJEAN

C'est pas moi le trou de cul icitte.

PRÊTRESSE

Ben non, c'est pas toi.

JEANJEAN

Toi, laisse faire! O.K.! Toi, laisse faire! Heille, toi, là, wô, t'sais, y a toujours ben des limites...

Il sort.

PRÊTRESSE

Excusez-nous.
Y est malade, y est en dépression.

dc - jfc

La Vieille Dame
et les Joyeux Troubadours

Opérette - premier acte

OUVERTURE

Dos à La Vieille Dame assise à sa chaise, Martin Luther King se noue un garrot autour du bras et s'injecte une ligne de crème fouettée, s'emplissant la main tout en marmonnant.
On entend en sourdine, la déconfiture du désormais célèbre discours prononcé par Martin Luther King à Washington au mois d'août 1963, mêlé à une recette de sagesse proférée par La Grande Prêtresse Chienne.

PRÊTRESSE

Proverbe chinois

MARTIN LUTHER KING

So even though we must face
The difficulties of today and tomorrow
I still have a dream
It is a dream deeply rooted
In the american dream

That one day this nation
Will rise up and live out.
The true meaning of its creed
We hold this truth to be self-evident
That all men are created equal
Yes! I have a dream

    LA VIEILLE DAME

Écoute-moi bien, Martin...
Y a un proverbe chinois qui dit que...

    PRÊTRESSE

Si tu veux être heureux une heure
Ouvre une bouteille de vin et enivre-toi

    LA VIEILLE DAME

Si tu veux être heureux une heure
Ouvre une bouteille de vin et enivre-toi

    PRÊTRESSE

Si tu veux être heureux une journée
Tue l'agneau et festoie

    LA VIEILLE DAME

Si tu veux être heureux une journée
Tue l'agneau et festoie

    PRÊTRESSE

Si tu veux être heureux une année
Marie-toi et aime de tout ton cœur

    LA VIEILLE DAME

Si tu veux être heureux une année
Marie-toi et aime de tout ton cœur

    PRÊTRESSE

Mais si tu veux être heureux
Toute ta vie...

LA VIEILLE DAME
Mais si tu veux être heureux
Toute ta vie…

PRÊTRESSE
Alors…

LA VIEILLE DAME
Fais-toi tout simplement jardinier

PRÊTRESSE
Fais-toi jardinier.

Détonation. Martin se tape la crème au visage et s'effondre.

ENTRÉE

La Vieille Dame se tourne vers son téléphone et compose.
Sonnerie.

LA VIEILLE DAME
Au secours!

Percussions. On frappe à la porte.

LA VIEILLE DAME
Qui est là?

LES JOYEUX TROUBADOURS
Les Joyeux Troubadours!

LA VIEILLE DAME
Mais entrez, voyons!

LES JOYEUX TROUBADOURS
Entrons!

Musique guillerette d'opérette.
Ils entrent au pas de course.

LES JOYEUX TROUBADOURS
Nous sommes les Joyeux Troubadours
Chiens fous rapaces et vautours
Si nous sommes là
C'est pour vous secourir
9-1-1 et chacun pour soi.

PRIMO
Primo.

SACCO
Sacco.

TERRAZZO
Terrazzo.

BOZO
Bozo.

LES JOYEUX TROUBADOURS
Oummmmmmmmmmm.

Silence.

PRIMO
Bon, que c'est qui se passe ici encore, là?

LA VIEILLE DAME
Ben...

SACCO
Personne est venu?

La Vieille Dame
Nonon.

Terrazzo
Pas de fumée, pas de feu?

La Vieille Dame
Nonon.

Bozo
Pas de sexe, pas de violence?

La Vieille Dame
Nonon.

Les Joyeux Troubadours
Bon ben, c'est quoi le problème?

La Vieille Dame
C'est rien… un mauvais souvenir.
Je me suis sentie toute seule et j'ai paniqué…

Les Joyeux Troubadours
Madame Huguette…

La Vieille Dame
Appelez-moi Lise.

Musique.

Primo
Madame Huguette…

La Vieille dame
C'est Lise mon nom.

Terrazzo
Madame Huguette…

SACCO

Madame Huguette…

BOZO

Madame Hu u u guette
Guet te guet te guet te guet

LES JOYEUX TROUBADOURS

Teux.

LA VIEILLE DAME

C'est Lise mon nom. Mon nom, c'est Lise

LES JOYEUX TROUBADOURS

Jusqu'à quand faudra-t-il
Vous dire i i i re
Sur quel air faudra-t-il
Vous chanter
Que ça ne nous fait
Plus ri i i i re
De venir chaque jour vous sauver

BOZO

Ehhhh
On n'a pas rien que ça à faire
Nous autres, là.

LA VIEILLE DAME

Je sais je sais mais…

Silence.

BOZO

(Chantant toujours.) Ah ah ah ah ah… *(Ad nauseam.)*

*Terrazzo fait taire Bozo en le matraquant.
Musique.*

LES JOYEUX TROUBADOURS

Savez-vous combien ça coûte
À la ville à toués fois
Qu'on vient revirer icitte
Nous autres là?
Un beau jour on viendra pus
Si vous appelez au loup tout le temps
Tout l'temps tout l'temps tout l'temps
Tout l'temps tout l'temps tout l'temps
Tout l'temps tout l'…

Silence.

TERRAZZO

Une fois c'est un gars qui dit à sa femme:
«Chérie, on aurait besoin d'un peu de magie
Dans not' couple.»
A y dit: «C'est ça, disparais*!»

LES JOYEUX TROUBADOURS

Gnak gnak gnak gnak gnak.

LA VIEILLE DAME

Un jour…

LES JOYEUX TROUBADOURS

Foum!

Ils tournent leur regard vers elle.

LA VIEILLE DAME

J'ai donné la vie à un homme…

---

* Les auteurs tiennent, par cet aparté grossier, à saluer ici l'intarissable Roger Larue pour la multitude de farces plates qu'il a offertes au public lors de la création de ce spectacle.

LES JOYEUX TROUBADOURS
Bon, ça recommence…

LA VIEILLE DAME
Puis des années plus tard…

SACCO
C'était un matin…

LA VIEILLE DAME
Martin venait de commencer ses études secondaires…

TERRAZZO
Pis la directrice de son école a appelé à son bureau…

LA VIEILLE DAME
Ça la mettait mal à l'aise d'avoir à dire ça à la secrétaire personnelle du premier ministre, mais j'ai insisté
pour qu'elle soit franche.

BOZO
Fait que là la bonne femme s'est mis à y raconter que
son petit gars s'était mis à se suicider…

TERRAZZO
Avec de la colle d'avion…

SACCO
Dans le fond de la cour de l'école…

PRIMO
Pendant la récréation…

LES JOYEUX TROUBADOURS
Ben oui, ben oui, pis?

LA VIEILLE DAME
Je lui ai dit: «C'est sûrement une erreur, pas Martin.»

PRIMO
Pas son petit Martin.

SACCO

Pas lui.

TERRAZZO

Ben non.

BOZO

Voyons.

LA VIEILLE DAME

Mais elle a insisté et elle a fini par me convaincre que c'était lui.

PRIMO

Ah c'tait ben lui…

SACCO

Son petit Martin.

TERRAZZO

Ben oui!

BOZO

Ben coudon!

LA VIEILLE DAME

Alors j'ai violemment raccroché le téléphone…

TERRAZZO

C'est là qu'al a revu toute la vie de son petit chéri se dérouler dans sa tête.

BOZO

Sa tête sa tête sa tête… Enfin ce qui en reste.

LES JOYEUX TROUBADOURS

Gnak gnak gnak gnak gnak.

LA VIEILLE DAME

Puis je suis retournée dans le bureau du premier ministre en me demandant…

BOZO

Ah m'énarve…

LA VIEILLE DAME

Pourquoi je l'avais mis au monde, cet enfant-là… Han?
Pourquoi je l'ai mis au monde, cet enfant-là?

LES JOYEUX TROUBADOURS

Wô wô wô wô là.

PRIMO

Quand vous dites là que vous étiez la…

SACCO

Secrétaire personnelle du premier ministre.

PRIMO

C'est ça.

LA VIEILLE DAME

Ouin.

TERRAZZO

Bon.
C'était-tu avant que vous viriez su'l top?

BOZO

Ben non c'tait pendant!

LES JOYEUX TROUBADOURS

Gnak gnak gnak gnak gnak.

La Vieille Dame éclate en sanglots.

PRIMO

Bon bon bon bon bon.

LES JOYEUX TROUBADOURS

Bon bon bon bon bon.

PRIMO

Vous voulez qu'on vous chante une petite chanson là, c'est ça?

LA VIEILLE DAME

Ah! vous êtes bons pour moi...

PRIMO

Bon.

Musique.

ARIA

LA VIEILLE DAME

Mon garçon s'est balancé
Du haut de mon balcon
Il est mort avant moi
Et ça je ne le prends pas
Je suis seule
Au secours
Je suis désespérée
Désespoir
C'est le mot c'est le mal
Qui est en moi

SACCO ET TERRAZZO

Son garçon s'est balancé
Du haut de son balcon
Il est mort avant elle
Et ça elle ne le prend pas
Prend pas prend pas prend
Pas prend pas prend pas
Elle est seule
Au secours
Elle est désespérée

Désespoir
C'est le mot c'est le mal
Qui est en elle

PRIMO ET BOZO

Son garçon s'est balancé
Du balcon

BOZO

Ayoille donc ayoille donc

PRIMO ET BOZO

Il est mort avant elle
Et ça elle le prend pas
Elle est seule
Au secours
Désespoir
Désespoir
Mot mal
Qui est en elle

BOZO

Ayoille donc ayoille donc

LES JOYEUX TROUBADOURS

Oummmmmmmmmmmmmmmm.

Silence.

PRIMO

Bon, ça va mieux, là?

TERRAZZO

Vous allez être bonne pour toffer?

SACCO

C'est pas qu'on vous aime pas

BOZO

Mais y a un peu de t'ça.

Ils sortent vivement en maudissant La Vieille Dame à souhait.

LES JOYEUX TROUBADOURS

Gnak gnak gnak gnak gnak
Maudite folle de maudite folle
Christ de vieille tabarnak.

FINALE

LA VIEILLE DAME

Vous êtes bons pour moi.
Vous savez mon garçon c'était vraiment
Le sens de ma vie…
Ah! c'est sûr que c'est possible de vivre
Sans que la vie ait un sens
Mais la question c'est de savoir
Combien de temps…
Y a-t-il quelque part
La lueur d'un mince espoir
Qui est en train de naître
Ou bien tout n'est-il que doute
Inquiétude et errance
Fondamentalement tout est là
N'est-ce pas
Ah! je vous remercie d'être là
Ça me fait beaucoup de bien de savoir
Que vous êtes là
Avec moi
Merci.

dc

So what Soweto? 2

Claude compte les gouttes de pluie.
Peste défie l'harmonie telle qu'on la connaît
à l'aide de son harmonica.

CLAUDE

Mon cerveau ne garde (rien)
À chaque nouvelle pensée
Il est lavé comme le sable entre
Le flux
Et le reflux
De la vague
Mes songes sont comme des châteaux
De sable
Inondés
Par le sang qui irrigue
Les veines
De mon cerveau

Ne pas bouger
Rester ici
Sous la pluie
Avec mes doigts
Qui ont froid
Mes doigts
Ma pensée

Ma pensée est glacée
Par l'hiver
Ma pensée ne peut rien
Figée
Comme un film
Un film
Oui un film sur un écran
Dans ma tête
À la place
De ce que mes yeux voient.

PESTE

Heille Jack
Moi quelqu'un qui reste là
À côté de moi à rien faire
Ça m'énarve
Fait que
Dis-le tussuite si t'es t-en amour
Qu'on en finisse une fois pour toutes.

CLAUDE

Et la fille
Qui joue de son instrument
Quel instrument?
Quel est ce son strident
Qui me donne chaud
Qui me donne froid?
Elle joue depuis
Longtemps
Je
Je crois.

PESTE

M'en vas jouer fort m'as vous écœurer
Vous allez me donner une piasse
Pour un café
Ou vous allez me passer devant
Indifférents

Mes écœurants
Johnny avait sa guitare
Peste a son harmonica.

CLAUDE

Si j'arrivais
À lui parler
Si j'arrivais
À me souvenir
Me souvenir
Du rêve
Le film
Que j'ai dans la tête
Je sais que j'ai un rêve
M'en souvenir
Lui dire mon rêve.

PESTE

Je suis la reine des nobody
La duchesse des fucked up.

CLAUDE

Lui dire
Elle
Elle
Qu'elle soit ma mémoire.

PESTE

Mais avec les mêmes nécessités qu'anybody
De manger de boire de boire de boire
Pis de boire.

CLAUDE

Me souvenir
Lui dire…

PESTE

Une piasse pour manger.

CLAUDE

Me souvenir
Du film
Lui dire le film.

PESTE

Une piasse pour boire.

CLAUDE

Elle sera
Le film.

PESTE

Deux piasses pour aimer.

CLAUDE

La mémoire
Du film
Que j'oublie.

PESTE

Trois piasses pour y croire.

CLAUDE

Quel oubli?

PESTE

Cinquante piasses
Pour un blow-job.

CLAUDE

À quoi est-ce que je pense?
Où est-ce que je veux en venir?

PESTE

C'pas parce qu'on se ferme la yeule
Qu'on a rien à dire, hein Jack?

CLAUDE

Voilà

Je le vois
Le film
C'est un film
Sur
C'est un film
Qui dit
Que
La fin du monde
Voilà
Je le vois
Le film
C'est la fin du monde
Mais la fin du film
Je
Je
Je l'ai...

PESTE

Heille
Le religieux
Ici c'pas un spot pour les quêteux.

CLAUDE

Je crois qu'elle me parle.

PESTE

Je joue de la musique
Oui monsieur, de la musique
Tu sais-tu c'est quoi, toi, de la musique?
Ben c'est ça
C'est ça de la musique
Pis moi là
Moi
Je suis une musicienne
Fait que fais de l'air
Moi je fais d'l'art
Va mourir ailleurs
Toute façon

Personne te regarde
Personne s'intéresse à toi
Tu parles pas pis tu joues pas de musique
T'existes pas ben ben
T'es pas là vraiment
T'es un commercial sur la pauvreté
Pour qui personne a payé
Heille on s'en crisse-tu nous autres
On s'en crisse-tu
On a-tu d'autres choses à faire
Que d'avoir de ta misère à ta place?
Toi là
Toi là t'es dans ton aquarium han?
Tu le sais-tu que t'es malheureux?
Tu le sais même pas han?
Fait que si tu décrisses pas
M'as te le dire
Pis si tu comprends pas
M'as te le faire sentir.

CLAUDE

Non
Elle parle trop vite
J'espère qu'elle va arrêter
De me parler.

> *Entre Martin en Maria Casarès, revolver au poing.*

MARTIN

Allright
Personne bouge
Avant qu'on ait allégé les riches
Pour donner aux pauvres.

PESTE

Te v'là toi
On peut pas dire que la pêche est bonne

Mais y faut se contenter de sa condition
Tout ce qu'on pogne
C't'un vieux saumon.

MARTIN

Enwoye mon oncle
Décroche de ta sérénité
Lâche l'aspirateur
Pis réveille
T'es en danger
Astheure.

PESTE

Fait que crache le cash
On est des filles pressées
On a des besoins à sustenter.

MARTIN

Des cellules à détruire.

PESTE

Pis après ça on va aller danser
Jusqu'à temps de crasher.

MARTIN

Fait que enwoye
Passe au guichet
Le code d'accès
C'est ta bonne santé.

PESTE

Enwoye que c'est que t'as à cacher?

MARTIN

Bijoux?

PESTE

Portefeuille?

MARTIN

T'as rien mon tabarnak
Bon ça va mal
Ça va très mal
Maria est tannée
Pis a va se fâcher.

PESTE

Martin calme-les là toi tes gros nerfs
Sinon retourne chez ta mère.

MARTIN

C'est-tu toi qui vas payer la dope à soir?
Ah!
Non!
Un carton d'allumettes
Sans allumettes
Avec quelque chose d'écrit dessus
Que c'est qui est écrit?
Peste lis donc ça.

PESTE

«Mon nom est Claude Jutra.»

MARTIN

Comment ça ton nom est Claude Jutra?

PESTE

Pis? Pis ça?

MARTIN

Hein?

CLAUDE

C'est vrai
Je crois que c'est vrai
Je crois
Que c'est ça mon nom.

MARTIN

Mais t'es pas sûr?

CLAUDE

Non.

PESTE

Ben oui on sait jamais
Peut-être
Peut-être que c'est l'imperméable
De quelqu'un d'autre.

MARTIN

Peut-être que Claude Jutra
C'est n'importe qui
Qui a porté cet imperméable-là
Hein?
Hein?

PESTE

Qu'est-ce t'en penses?

CLAUDE

Ça se peut.

MARTIN

J'imagine que ça se peut aussi
Que Claude Jutra
Y existe pas
Pis que c'est un nom que t'as inventé.

CLAUDE

Oui
Ça se peut.

MARTIN

Pis moi
Ça se peut-tu
Que mon nom
Ça soit Maria Casarès?

CLAUDE

Je sais pas
Regardez dans votre poche.

MARTIN

J'ai rien dans mes poches.

CLAUDE

Alors je sais vraiment pas.

jfm

Alcools 2

JᴇᴀɴJᴇᴀɴ
Heille, pourquoi vous y faites ça, à Claude Jutra?

Grommelo des comédiens.

Sᴜᴢᴀɴɴᴇ
(Heille.)

Pʀᴇᴛʀᴇꜱꜱᴇ
(JeanJean.)

JᴇᴀɴJᴇᴀɴ
Y vous a rien fait., Claude Jutra!

Jᴜʟɪᴇ
(Nous autres non plus on t'a rien fait!)

JᴇᴀɴJᴇᴀɴ
Voulez-vous m'as vous le dire ce que je pense, moi?

Aɴᴅʀᴇ
Heille! On t'aime ben tout le monde, là, mais c'est la dernière fois, sinon tu sors, c'est-tu clair, ça?

JᴇᴀɴJᴇᴀɴ
Je le sais, inquiète-toi pas. À toués soirs c'est pareil.

PRÊTRESSE

JeanJean…

JEANJEAN

Au deuxième set, le buvard bavard au bar est complètement faite…

PRÊTRESSE

JeanJean…

JEANJEAN

… là y se met à chier tout ce qu'i a su' l'cœur…

PRÊTRESSE

JeanJean…

JEANJEAN

… là les acteurs s'énarvent, la chicane pogne…

PRÊTRESSE

JeanJean…

JEANJEAN

… pis y se fait sortir s'a tête. Je le sais, le trottoir me
remonte dans face à toués fois que je sors d'icitte!

PRÊTRESSE

JeanJean…

JEANJEAN

Quoi?

PRÊTRESSE

Ça nous dérange pas que tu soyes là, mais ferme-la,
veux-tu!

JEANJEAN

Nonon, je le sais! Je le sais chus pas le genre de personnage ben ben sympathique qu'on aime ça passer
une veillée avec, je le sais très bien, inquiète-toi pas.

Je sais très bien dans quel état psychologique que je me trouve...

PRÊTRESSE

Viens...

JEANJEAN

Mais si y en a un qui veut se pogner avec moi, qu'y vienne, je vous attends, toute la gang!

Grommelo des comédiens.

PRÊTRESSE

Viens avec moi là... On va aller prendre l'air un peu.

JEANJEAN

Vous savez pas qui c'est que chus moi, han? Ben moi non plus je le sais pas, fait qu'écœurez-moi pas.

PRÊTRESSE

(Call le break.)

JEANJEAN

J'ai rien qu'une affaire à vous dire, rien qu'une: c'est pas moi le trou de cul icitte.

PRÊTRESSE

Ben non, ben non...

JEANJEAN

Toi, t'es correcte, toi. Toi, t'es correcte. Toi, tu me respectes dans ce que je suis. Toi là, toi je t'aime. O.K.? Oui je t'aime... Pis toi? Toi, tu m'aimes-tu?

PRÊTRESSE

JeanJean on rentrera pas là-dedans O.K.?

JEANJEAN

O.K.

PRÊTRESSE

O.K.?

JEANJEAN

O.K. O.K. O.K. Mesdames et messieurs, je le dis parce que je peux pus le garder pour moi, la femme qui pioche après le piano depuis le début du show j'ai couché avec hier...

DOMINIQUE

(Non...)

Grommelo des comédiens.

JEANJEAN

Sauf qu'a veut pas que ça se sache. Est morte de peur depuis t'à l'heure que je me mette à le crier comme si je savais pas vivre, mais je sais vivre O.K.!

DOMINIQUE

(Catherine!)

JEANJEAN

Où étais-tu hier soir à l'heure où on a couché ensemble?

Grommelo vrombissant des comédiens.

JEANJEAN

Si tu pouvais juste passer par-dessus le mur de ta honte, qui sait, peut-être qu'une grande vie de couple nous attend toi pis moi, des enfants!

DOMINIQUE

T'as couché avec lui!

PRÊTRESSE

Pis ça même si j'avais couché avec? J'ai couché avec!

Grommelo des comédiens.

PRÊTRESSE

Han, ça vous en bouche un coin?
À gang qu'on est, on coucherait toute la gang avec un spectateur à tous les soirs sans le dire à personne, pis les critiques se demanderaient en crisse comment ça se fait que malgré tout ce qu'ils font pour vider la salle, a reste pleine... Enwoyez, on call le break, qu'on se mette à boire nous autres avec!

JEANJEAN

Hi hou!

jfc - dc

Toutes les bières du monde

Chanson à boire pour chœur

Toutes les bières du monde
Sont' sont' à moi
Toutes toutes toutes
Les bières sont à moi
Toutes les bières du monde
Sont' sont' à moi
Toutes toutes toutes
Je les bois je les bois je les bois

Les allemandes les anglaises
Les belges et les japonaises
Toutes toutes toutes
Toutes elles me grisent
Les blanches les brunes les blondes
De l'Écosse à la Hollande
Toutes toutes toutes
Je les bois je les bois je les bois

Reprise du premier couplet.
Ils sortent.

Pariam

PRÊTRESSE

Entracte!

dc

Deuxième set

Alcools 3

(Manifeste)

Pendant que le public est à boire et que l'entracte se prolonge, JeanJean monte sur scène, s'empare en catimini d'une feuille cachée sur la chaise de La Vieille Dame et se dirige vers le micro en lisant.

JeanJean
«Manifeste du Front de libération du Québec»
Sacrament!
Déjà
Juste le nom
Hein?
Juste le nom:
«Manifeste!»
Hein?
Premièrement:
Tabarnak que c'est prétentieux
Deuxièmement:
Y a pus personne qui écrit ça, des manifestes
C'est niaiseux
Pis anyway même si y a quelqu'un qui en écrivait
Qui c'est qui les lirait?
Personne

Ça intéresse pus personne
Pis après ça:
«Front de libération»
Heille non mais
Faut avoir du front tout le tour de la tête
Pour dire des affaires de même
Parce que franchement
Libération libération
Que c'est que ça veut dire ça, libération?
Y a un journal à Paris
Qui s'appelle *Libération*
Pis?
Le monde y s'en crisse-tu, tu penses?
Ben oui
Y se sentent-tu plus libres pour autant?
Ben non

C'est pas fini
Ça continue cette histoire-là:
«Le Front de libération du Québec
n'est pas le messie…»
Que d'humilité
Arrêtez
J'étouffe
«Ni un Robin des Bois des temps modernes»
Non
Daniel Boone peut-être?
Heille

> *Il fouille dans sa poche et en sort un interminable tas de vieux papiers.*

Heille
Vous êtes pas tannés vous autres
De vous remplir les poches
Jusqu'à prochaine poubelle
Ou ben marcher sur la pointe des pieds

De peur de maganer notre pauvre petite étoile
Ou ben cacher vos beaux yeux parce que le soleil
Le soleil
C't'un autre affaire ça le soleil
Toute façon moi pis le soleil
On se voit pus
Je sais qu'i est aussi chaud que moi
Mais on est comme deux chums qui se parlent pus
Non mais on s'en crisse-tu
Le monde est rendu
Irressusceptiblement
Irressuscitablement
Irrecyclable
Ben si le monde est mort
Le monde est mort pis on n'en parle pus
Le recyclage
On s'en crisse-tu
Bon le FLQ astheure
«Le FLQ est un regroupement
De travailleurs québécois qui sont décidés
À tout mettre en œuvre
Pour que le peuple du Québec
Prenne définitivement en main son destin...»
Ah ici je me permettrai une petite correction:
Je dirais les peuples du Québec
C'est-à-dire
Les Français, les Anglais, les Vietnamiens,
Les Grecs, les Portugais, les Jamaïcains,
Les Pakistanais, les Libanais, les Mohawks,
Les Iroquois, les Hurons, les Juifs de New York
En station-wagon la fin de semaine
Les Haïtiens chauffeurs de taxi
Ça fait plusieurs mains sur le même destin
Si vous voulez mon avis
Y risque de pogner des microbes
Ce pauvre petit destin-là
«Nous vivons dans une société

D'esclaves terrorisés…»
Terrorisés par quoi justement sinon
Par notre propre faiblesse devant tout
Ce qui est différent
Qui parle pas la même langue
Qui a pas la même couleur
Terrorisés d'émettre une opinion
Qu'on n'a pas lue avant dans les journaux
Terrorisés par une idée avec laquelle
Personne est d'accord
Terrorisés de dire qu'est-ce qu'on est
Pis qu'est-ce qu'on veut
Terrorisés de pas comprendre
En tout cas…
«Notre lutte ne peut être que victorieuse…»
C'est beau la confiance.
«On ne tient pas longtemps dans la misère
Et le mépris un peuple en réveil…»
Ben non…
Moi je prédis qu'on en a encore pour… wof…
À peu près quatre mille ans…
Pis dans quatre mille ans si y a encore quelqu'un
Sur la planète
Y va-tu s'en crisser tu penses?
Ben oui
Y va-tu l'savoir qui c'est que j'ai été, moi?
Ben non
Le savez-vous qui j'suis, vous autres?
Vous allez ben finir par le savoir
Pis ça c'est moi qui vous le dis.

   Il sort.

                                        jfm - jfc

Avant que nous tombions tous

Mélancoliques pianoteries.

Prêtresse
Si vous saviez combien j'ai soif
De vous rencontrer
Tous autant que vous êtes
Si vous saviez combien j'aimerais
M'attarder le temps qu'il faudrait
Avec chacun de vous
Avant que nous tombions tous
Dans l'oubli le plus profond
Et que nous soyons devenus
Une affaire classée.

JeanJean
Moi je t'aime Catherine

dc

Ils ne le montrent pas

Solitaire complainte

PRÊTRESSE

(Au piano.) Ils n'aiment pas
Puisqu'ils ne le disent pas
Ils sont malheureux
Parce qu'ils sourient très peu
Ce qu'on ne sait pas
C'est qu'ils aiment tout autant
Que nous aimons
Ils se méfient de tout
Ils grignotent du bout
Leurs yeux ont des paupières
Leurs mains des gants
Leurs dents des lèvres
Leur voix se frappe contre des murs
Ils sont tapis derrière
Pour n'avoir pas à se montrer devant
Et ils vous disent
Que c'est comme ça
Qu'ils sont comme ça
Qu'ils ont déjà beaucoup donné
Mais moi je crois
Qu'ils aiment qu'ils aiment
Qu'ils aiment secrètement

Qu'ils aiment si secrètement
Qu'ils ne le montrent pas

jfc

La cohérence

Spirale cristalline.

CLAUDE

Je me souviens
Ah oui je me souviens
Que j'ai longtemps cherché la cohérence
Que j'ai passé de longs moments
De mon existence
À tenter de donner un sens à des images
À des mots

Maintenant qu'il m'est impossible
D'avoir plus d'une idée à la fois
Je comprends que j'ai échoué
À saisir la cohérence
Elle a été pulvérisée
Sous le poids de mes pensées
Et les éclats
Ont blessé les nervures de mon cerveau
Le rendant
Inopérant
Il ne me reste plus
Que ces fragments de sens
Virevoltant dans mon crâne vide

Comme autant d'étoiles filantes
Fuyantes et prisonnières

jfm

Wajdi's Blues

Entre Wajdi furieux.

WAJDI
Roger!

ROGER
Bon que c'est qu'y a encore?

WAJDI
Roger!

ROGER
Ben voyons, Wajdi

Grommelo des comédiens.

WAJDI
Roger, je viens de trouver mon soulier dans tes affaires, alors je nourris certains soupçons envers ma chemise.

ROGER
Mais oui, mais Wajdi.

PRÊTRESSE
(Wajdi, le spectacle est recommencé, chéri.)

WAJDI

Non non, mais là, vraiment, un instant. Excusez-moi mais j'aimerais juste prendre une petite minute pour mettre une chose au clair ici ce soir et vous dire que je vis une situation absolument intolérable avec ces gens dans ce spectacle.

Grommelo rouspétant.

WAJDI

Non c'est vrai, c'est vrai, vous savez, moi, si on m'a choisi pour jouer dans *Cabaret neiges noires* eh bien, comme vous avez pu le constater, c'est pas du tout pour mon talent, hum... non pas du tout, mais pour une raison très simple: c'est que ça prenait absolument quelqu'un pour représenter les minorités visibles...
[vous savez, moi, je viens d'un pays où il y a la guerre (et d'ailleurs je devais jouer toutes mes scènes en arabe, seulement le traducteur s'est fait abattre par un franc-tireur), mais bon]
alors on a demandé à moi, le Libanais de service, et depuis ce temps-là, chaque soir, on me persécute...

LES COMÉDIENS

(Grommelant.) Mais non, voyons Wajdi, c'est pas vrai voyons.

DOMINIC

(Est-ce que quelqu'un pourrait s'occuper de lui, s'il vous plaît?)

Wajdi sort, suivi de Marc qui le tabasse en coulisses.

jfc - wm - dc

Les étudiants

Entre André.

ANDRÉ

Euh… Est-ce qu'y a des étudiants dans la salle qui auraient un devoir à faire? Un résumé, un commentaire, n'importe quoi? C'est parce qu'on haït ben ça jouer devant des calepins. Ça fait qu'on s'est concerté tout le monde, pis on a décidé qu'on donnerait un petit coup de main à ceux qui sont pognés pour prendre des notes pendant le show. Alors, préparez vos stylos, vos calepins pis vos oreilles, on va répondre à la première question de votre professeur qui est, si ma mémoire est bonne:

LES COMÉDIENS

De quoi parlait le spectacle hier!

ANDRÉ

Bon. De quoi parle le spectacle de ce soir finalement, han? Bon. Le spectacle de ce soir…

DOMINIC

Enwoye asseye de répondre à ça, mon homme.

ANDRÉ

Ouin… euh… bon changeons de question. On va passer à quelque chose de plus fondamental: Qu'est-ce qu'un acteur? Qu'est-ce qu'un acteur? Euh... Un acteur, c'est...

Dominic lui apporte un dictionnaire.

DOMINIC

Tiens, ça va t'aider, ça, mon homme...

ANDRÉ

Ah merci. Bon. Acteur acteur... abnégation... absentéisme... abscons...

MARC

Agace-pissette!

DOMINIC

Aouigne ha han

ANDRÉ

Acteur-trice. «Artiste qui joue dans une pièce de théâtre.» Christ qu'on'n apprend à soir. Han? Heille! Ben va falloir choisir entre la vérité pis ce qui est écrit làdedans. C'est pas vrai pantoute qu'un acteur c'est un artiste qui joue dans une pièce de théâtre, je le sais j'en suis un acteur, pis c'est très rare que je joue dans une pièce de théâtre.

Grommelo compatissant et inquiet des comédiens.

ANDRÉ

Je vas vous le dire c'est quoi un acteur, moi. Un acteur, c'est quelqu'un qui manque d'amour au point de se jeter dans la dope, l'alcool, pis les bras de dizaines d'hommes et de femmes par jour... par jour... mais qui rencontre dans sa vie quelqu'un qui le met sur le chemin d'expression de son blues. C'est ça un acteur! Écrivez ça!

Les comédiens montent en scène et tentent de le calmer.

ANDRÉ

Heille! De quoi parlait le spectacle, hier? Non mais, on s'en crisse-tu d'hier, on sait même pas si on va être là demain. Fermez vos hosties de calepins!

Il sort en rage et en nage.

jfc

Lamentations

Pianoteries épouvantées.

PRÊTRESSE
S'il suffisait d'être deux
Pour repousser la mort
Et tenir la vie à bout de bras
S'il suffisait d'être dix
Et par l'humour et par l'ivresse
Barbouiller tout ce qui nous
Menace et nous horripile
Pour le rendre totalement
Et définitivement autre
Comme un graffiti explosant de lumière
Sur le mur de nos lamentations

Mais non
La solitude n'est pas

De vivre seul
Mais d'aimer
Seul

JEANJEAN
Mets-en.

dc

La Vieille Dame
et les Joyeux Troubadours

Opérette - deuxième acte

OUVERTURE

Martin et La Vieille Dame, dos à dos, lui se travestissant. En sourdine, le I Have a Dream *de Washington, trafiqué.*

LA VIEILLE DAME

Martin…

MARTIN

Maria, maman.

LA VIEILLE DAME

Martin…

MARTIN

Maria, maman Maria.

LA VIEILLE DAME

Martin…

MARTIN

Maria, maman. Mon nom c'est Maria maintenant. Maria.

LA VIEILLE DAME

Qu'est-ce que tu fais ce soir, Maria?

MARTIN

Je le sais pas.

LA VIEILLE DAME

Est-ce que tu sors?

MARTIN

Je le sais pas.

LA VIEILLE DAME

Où est-ce que tu vas ce soir, Maria?

MARTIN

Je le sais pas.

LA VIEILLE DAME

Est-ce que c'est toi qui as pris l'argent qui était dans mon sac?

MARTIN

Je le sais pas.

LA VIEILLE DAME

Est-ce que c'est toi qui as emprunté mes bijoux, Maria?

MARTIN

Je le sais pas.

LA VIEILLE DAME

Est-ce que tu prends des drogues, Martin?

MARTIN

Je le sais pas.

LA VIEILLE DAME

Pourquoi tu t'habilles en fille, comme ça?

MARTIN

Je le sais pas.

LA VIEILLE DAME

Est-ce que tous tes amis s'habillent comme ça?

MARTIN

Je le sais pas.

LA VIEILLE DAME

Est-ce que t'as des amis, Martin?

MARTIN

Je le sais pas.

LA VIEILLE DAME

Es-tu heureux, Martin?

MARTIN

Je le sais pas.

LA VIEILLE DAME

Ça serait pas possible qu'on se parle pour une fois?

MARTIN

Je le sais pas.

LA VIEILLE DAME

Est-ce que tu m'aimes, Martin?

MARTIN

Je le sais pas.

LA VIEILLE DAME

Est-ce que tu m'aimes?

MARTIN

Je le sais pas.

LA VIEILLE DAME

Pourquoi tu me fais ça, Martin?

MARTIN

Je le sais pas.

LA VIEILLE DAME

Qu'est-ce que je vas faire avec toi, moi, Martin?

MARTIN

Je le sais pas.

> *Détonation. Martin s'effondre.*
> *La Vieille Dame se tourne vers son téléphone.*
> *Elle hésite puis compose le numéro.*
> *Sonnerie.*

LA VIEILLE DAME

Au secours!

ENTRÉE

> *Percussions. On frappe à la porte.*

LA VIEILLE DAME

Qui est là?

LES JOYEUX TROUBADOURS

Les Joyeux Troubadours!

LA VIEILLE DAME

Mais entrez, voyons!

LES JOYEUX TROUBADOURS

Entrons!

> *Entrent les Joyeux Troubadours au pas de*
> *course.*

LES JOYEUX TROUBADOURS

Nous sommes les Joyeux Troubadours
Chiens fous rapaces et vautours
Si nous sommes là
C'est pour vous secourir
9-1-1 et chacun pour soi.

PRIMO

Primo.

SACCO

Sacco.

TERRAZZO

Terrazzo.

BOZO

Bozo.

LES JOYEUX TROUBADOURS

Oummmmmmmmmmm.

TERRAZZO

Huguette, j'en ai une bonne pour toi!
Tu connais-tu l'histoire des deux fifis
Qui jouaient à cachette?

LA VIEILLE DAME

Non.

TERRAZZO

Tu connais pas l'histoire des deux fifis
Qui jouaient à cachette?

LA VIEILLE DAME

Non.

TERRAZZO

C'est l'histoire de deux fifis
Qui jouaient à cachette

Y a un fifi qui dit à l'autre fifi
Y dit: «O.K.!
Si tu me trouves, tu me suces
Pis si tu me trouves pas
Ben chus dans le garde-robe!»

LES JOYEUX TROUBADOURS
Gnak gnak gnak gnak gnak.

PRIMO
Bon que c'est qu'i se passe ici, encore, là?

LA VIEILLE DAME
J'aimerais vous présenter mon fils.

LES JOYEUX TROUBADOURS
Foum.

PRIMO
Celui qui s'est suicidé?

LA VIEILLE DAME
Je voudrais vous le présenter, oui.

LES JOYEUX TROUBADOURS
Bon, ça recommence!

LA VIEILLE DAME
Martin, lève-toi.

LES JOYEUX TROUBADOURS
Madame Huguette…

LA VIEILLE DAME
Appelez-moi Lise.

SACCO
C't'un petit peu dégueulasse.

TERRAZZO
Ingrat de votre part.

BOZO

Si y est mort, y est mort
On n'en parle pus.

LES JOYEUX TROUBADOURS

Houba houba houba hop.

LA VIEILLE DAME

Oui mais peut-être que vous pourriez le raisonner pis
l'empêcher de se suicider à tout bout de champ?

PRIMO

Ah ben, ça c'est pas vraiment de nos affaires, nous
autres.

SACCO

Ben non, y a peut-être raison de se suicider comme
ça.

TERRAZZO

Ouin. Vous ça vous tente pas de l'imiter?

BOZO

D'aller le rejoindre?

LES JOYEUX TROUBADOURS

Gnak gnak gnak gnak gnak.

LA VIEILLE DAME

Ah mon Dieu!
Avez-vous vu comment y s'est habillé?

LES JOYEUX TROUBADOURS

Heille, on s'en crisse-tu de ton Martin, nous autres?

LA VIEILLE DAME

Martin, c'est un beau nom.

PRIMO

Ah certainement que c'est un beau nom.

SACCO

Ben oui.

TERRAZZO

Ben oui.

BOZO

Ben sûr.

LA VIEILLE DAME

Je l'ai appelé Martin
À cause de Martin Luther King.

PRIMO

Ah! très belle idée ça, madame.

SACCO

Ben oui.

TERRAZZO

Ben sûr.

BOZO

Fatiquante.

LA VIEILLE DAME

Mais lui y tient à ce qu'on l'appelle Maria.

LES JOYEUX TROUBADOURS

Foum.

LA VIEILLE DAME

Ah mon dieu

PRIMO

Vous êtes pas en train de nous dire qui s'est travesti vous là?

BOZO

Commencez pas à nous niaiser en plus.

LA VIEILLE DAME
J'ai bien peur que ça soit vrai.

LES JOYEUX TROUBADOURS
Foum
Foum foum foum foum.

BOZO
Caucus.

LES JOYEUX TROUBADOURS
(Ad lib.) Bla bla bla bla bla
Pouet pouet pouet
Houba houba houba hop.

TERRAZZO
Ce travestissement est-il survenu avant ou après son suicide?

LES JOYEUX TROUBADOURS
Gnak.

BOZO
Croyez-vous qu'il est plus heureux mort et travesti que vivant et normal comme tout le monde?

LES JOYEUX TROUBADOURS
Gnak.

LA VIEILLE DAME
Y avait commencé à se travestir bien avant de mourir.

BOZO
Oui oui mais c'est-tu juste un déguisement ça, là là?

TERRAZZO
Ouin y s'est-tu carrément faite changer en tite fille?

SACCO
Couper le petit pipi?

PRIMO

Raboter la dépassure?

BOZO

Limer l'ergot?

LES JOYEUX TROUBADOURS

Gnak gnak gnak gnak gnak.

LA VIEILLE DAME

J'aurais voulu que Martin soit droit et fier
Qu'il porte le rêve à son tour
Non mais, c'est-tu trop demander
Que d'avoir un héritier?

PRIMO

Finalement, votre Martin, y doit trouver ça dur d'avoir
la robe qui relève chaque fois que l'envie lui raidit?

LES JOYEUX TROUBADOURS

Gn...

LA VIEILLE DAME

Han?

BOZO

Ben voyons, Huguette...

TERRAZZO

La robe qui relève...

PRIMO

Martin...

SACCO

Y bande...

BOZO

L'envie qui le raidit...

TERRAZZO

T'a pognes pas?

PRIMO

Les mauvaises pensées…

LES JOYEUX TROUBADOURS

La robe qui relève
L'envie qui le raidit
(Face au public:) La robe qui relève
L'envie qui le raidit
Est drôle me semble, non?

LA VIEILLE DAME

Je souffre beaucoup plus que lui.

TERRAZZO

(Bon, a souffre astheure
(Garde donc si a fait sa fraîche.)

LA VIEILLE DAME

De sa lâcheté à être un homme
De son refus de lutter
De sa fuite devant ses responsabilités
Du refuge qu'il trouve
Dans cet accoutrement ridicule
De ses absurdes prétentions théâtrales…

MARTIN

Maman!

LA VIEILLE DAME

Martin tais-toi, tais-toi, tais-toi.

LES JOYEUX TROUBADOURS

Wô wô wô wô là!

LA VIEILLE DAME

Ah!

Elle éclate en sanglots et s'effondre par terre.
Un temps.

TERRAZZO

Ah bravo!

LES JOYEUX TROUBADOURS

Ah oui bravo, ah oui bravo, bravo.

PRIMO

Bon bon bon bon bon.

LES JOYEUX TROUBADOURS

Bon bon bon bon bon.

PRIMO

Vous voulez qu'on vous en chante une petite, c'est ça?

LA VIEILLE DAME

Ben j'haïrais pas ça.

Pianoteries.

PRIMO

Hum…

LES JOYEUX TROUBADOURS

Hum…

PRIMO

Un deux trois
Quatre cinq.

ARIA

CE SOIR MON CŒUR

LA VIEILLE DAME ET LES JOYEUX TROUBADOURS

Ce soir mon cœur
Ce soir mon cœur soupire pour toi
Ô toi en bas là-bas
Je veux te dire le fond de moi
Te chanter ma folie
Et si tu ne me réponds pas
Ton ombre me tuera
Je
Veille dans la nuit
Mon cœur s'ennuie
Oui c'est malheureux de t'aimer

PRIMO

Deux trois quatre

> *Reprise à la manière d'un* barber shop quartet
> *sur un tempo swingnant.*
> *La Vieille Dame et les Joyeux Troubadours*
> *dansent.*
> *Reprise en voix libre.*

LA VIEILLE DAME ET LES JOYEUX TROUBADOURS

Ma ma ma ma ma ma (*ad nauseam*)
Je
Veille dans la nuit
Mon cœur s'ennuie
Oui c'est malheureux de
Oui c'est malheureux de
Oui c'est malheureux de t'aimer
Baba doum beda doum
Ts

Ils saluent, grimacent, pètent et rouspètent.

PRIMO

Bon, ça va mieux là?

TERRAZZO

Vous allez être bonne pour toffer?

SACCO

C'est pas qu'on vous aime pas…

BOZO

Mais y a un peu de t'ça

> *Ils sortent vivement en maudissant La Vieille Dame.*

LES JOYEUX TROUBADOURS

Gnak gnak gnak gnak gnak.

FINALE

LA VIEILLE DAME

Quand t'as entendu parler
Du malheur qui m'était tombé dessus
Est-ce que ton cœur a été triste
L'espace d'un instant?

dc - jfm

Alcools 4

JEANJEAN
Non! Y ont rien senti personne!

DOMINIQUE
Shit de marde!

Grommelo vociférant des comédiens.

JEANJEAN
Pose-toi pas de questions, chérie, y savent toute, y sont toutes au courant de toute, y ont toute vu mais y ont toutes débandés sur toute, toute la crisse de gang. Tout le monde dans sa petite affaire à piquer sa petite crise de nerfs cheap pendant que la poésie se fait assassiner le génie partout alentour!

PRÊTRESSE
(JeanJean.)

SUZANNE
Heille, on pourrait-tu rouler le show comme du monde au moins une fois avant Noël?

PRÊTRESSE
(Suzanne…)

JEANJEAN

Vous savez pas qui je suis moi…

PRÊTRESSE

JeanJean!

ANDRÉ

Le deuxième set est commencé, là, han?

DOMINIQUE

Pis si je t'entends encore une fois, c'est moi qui te sors à soir, O.K.?

JEANJEAN

O.K. Continuez-lé, votre show. Moi, toute façon, j'ai dit ce que j'avais à dire pis j'ai pus rien à rajouter.

> *Il retourne vers le bar.*
> *Grommelo de satisfaction.*
>
> *Les comédiens regagnent leur place.*
> *JeanJean revient vers la scène.*

JEANJEAN

Mais ce que je dis, c'est ce que je dis, par zempe! Pis y en n'a pas un étole qui va me faire dire ce que je veux pas dire. C'est pas moi le trou de cul icitte.

> *Les comédiens regagnent l'avant-scène en grommelant comme des chiens.*

PRÊTRESSE

Heille!

> *Silence.*

PRÊTRESSE

On continue? O.K., JeanJean, on continue? Calmement.

JEANJEAN

Sais-tu ce qui me ferait du bien, moi?

PRÊTRESSE

Dis-nous-le, là, pis après on continue.

JEANJEAN

Jacques Brel.

PRÊTRESSE

Brel est mort, JeanJean.

ANDRÉ

(Mets-en.)

JEANJEAN

Claude Jutra avec y est mort pis ça l'empêche pas
d'être là.

PRÊTRESSE

Plus tard, O.K., plus tard.

JEANJEAN

Pis moi, pis moi moi, chus-tu mort
Moi icitte
Chus-tu au théâtre moi là
ou ben chus dans réalité?
Waiter enwoye la même chose.

dc - jfc

Sur le rêve

Doucereuses clavecineries.

PRÊTRESSE
Une route déserte…

CHIEN
Meuh!

Entrent Mario et Maria.

MARIA
Mario!

MARIO
Hum?

MARIA
Est-ce que tu sens?

MARIO
Quoi?

MARIA
Ça sent le thym.

MARIO
Ça se peut, oui.

MARIA

C'est ici!

MARIO

Quoi?

MARIA

Regarde comme il faut! La mer d'un côté...

MARIO

Hum...

MARIA

La montagne de l'autre...

MARIO

Hum...

MARIA

Et ça?

MARIO

Quoi?

MARIA

C'est pas des oliviers?

MARIO

Oui oui.

MARIA

Ah! Une orangeraie!

MARIO

Et alors?

MARIA

C'est ici! Oui je le sens, les racines me poussent aux pieds! Je vais fleurir sur cette terre.

MARIO

Pardon?

MARIA

Mario! Regarde le village! Y est encore plus beau que ce qu'on avait imaginé! Le clocher! Les toits!

MARIO

Maria…

MARIA

Des jardins partout!

MARIO

Maria!

MARIA

Des fontaines! Des orangers!

MARIO

Maria!

MARIA

Et les oranges vont tomber sur nos draps le matin! Toutes les pièces mèneront à notre chambre! Et au milieu de la chambre, il y aura le lit! Et au milieu du lit, il y aura mon ventre, rond comme une orange!

MARIO

Bon. On y va maintenant?

MARIA

Mario! On s'arrête ici! On bâtit notre maison, on la peint en blanc. On cultive un immense jardin! Des abricotiers, des amandiers, puis ici des tomates, plein de tomates! Des carottes, des concombres! Des aubergines!

MARIO

Des aubergines?

MARIA

Ah! Scuse!

MARIO

J'haïs les aubergines!

MARIA

Je veux dire des zucchinis. Des zucchinis, plein plein plein de zucchinis!

MARIO

Et puis la Thaïlande?

MARIA

Des oignons!

MARIO

On avait dit la Thaïlande!

MARIA

Des oignons et des échalotes!

MARIO

Bagdad!

MARIA

De la ciboulette, du persil!

MARIO

Beyrouth!

MARIA

De la menthe, de l'estragon!

MARIO

Sarajevo!

MARIA

Mario!

MARIO

La Somalie! Haïti!

MARIA

On n'avait pas la paix, là?

MARIO

Il faut avoir la Conscience, Maria. Je pensais qu'on s'était entendus là-dessus. La Con-scien-ce!

MARIA

Mais oui, mais le jardin?

MARIO

On n'est pas tout seuls sur la terre!

MARIA

Mais oui mais nous, on est nous!

MARIO

Il faut comprendre le monde dans lequel on vit.

MARIA

Y a rien à comprendre.

MARIO

Essayer au moins. Chercher. Prendre le pouls de la planète. S'en gaver.

MARIA

Et moi?

MARIO

Quoi, toi?

MARIA

T'as pas le goût de prendre mon pouls, de te gaver de moi?

MARIO

C'est quoi le rapport?

MARIA

Ça fait deux jours qu'on n'a pas fait l'amour.

MARIO

Mais c'est toi qui m'as dit que tu étais dans ta période d'ovulation.

MARIA

Justement.

MARIO

Tu trouves vraiment qu'on est dans un monde pour?

MARIA

On pourrait donner naissance à un monde nouveau!

MARIO

Ah! ben, on verra pour le monde nouveau, on verra. Allez, viens. Viens.

MARIA

Non.

Ils se séparent.

pr

L'aveugle et la neige

Boule en miroirs tourbillonnant dans l'obscu-
rité.

CLAUDE

Un aveugle
Une fois
C'était l'hiver
Le tournage d'un film
Je lui avais demandé
S'il préférait les films en couleurs
Ou en noir et blanc
Il a ri
Il s'est mis à neiger
Et l'aveugle m'a demandé
De quelle couleur était la neige
J'ai répondu machinalement blanche
Et il s'est remis à rire
La neige était noire
Complètement noire

La neige était noire
Complètement noire

Il sort.

jfm

La Vieille Dame
et les Joyeux Troubadours

Opérette - troisième acte

OUVERTURE

Martin Luther King et La Vieille Dame, assis dos à dos. Martin tournoie sur sa chaise en marmonnant.
En sourdine, le I Have a Dream *trafiqué en décrépitude.*

LA VIEILLE DAME

Martin, ça va faire là, O.K., ça va faire
J'en ai assez de te voir vivre de même.

MARTIN

(Pis moi?)

LA VIEILLE DAME

J'en ai assez de te voir rentrer
Comme ça au beau milieu de la nuit
Comme une loque humaine
Qui se rappelle même pus son nom.

MARTIN

(Chus pas Martin Luther King, maman.)

LA VIEILLE DAME
Regarde-toi, Martin.

MARTIN
(Chus même pas nèg'.)

LA VIEILLE DAME
T'es même pus capable de te tenir debout.

MARTIN
(M'en crisse-tu, tu penses!)

LA VIEILLE DAME
Enwoye! Lève-toi!

MARTIN
(Non.)

LA VIEILLE DAME
Lève-toi pis regarde-moi dans les yeux.

MARTIN
(Chus ben, là.)

LA VIEILLE DAME
Lève-toi, Martin, pis regarde-moi dans les yeux.

MARTIN
(J'ai pas envie.)

LA VIEILLE DAME
Tu vas te tenir debout, m'entends-tu?
Pis tu vas faire un homme de toi.

MARTIN
(Pop ton lithium pis farme ta yeule, O.K.)

LA VIEILLE DAME
Je t'ai pas mis au monde
Pour te voir mourir, Martin.

MARTIN

(Ton hostie de référendum.)

LA VIEILLE DAME

I have a dream Martin

MARTIN

(Fuck off.)

LA VIEILLE DAME

I have a dream, as-tu compris?

MARTIN

(J'ai dit fuck off.)

LA VIEILLE DAME

I have a dream, Martin

MARTIN

(Ta yeule.)

LA VIEILLE DAME

I have a dream.

Détonation. Martin s'effondre.

ENTRÉE

LA VIEILLE DAME

Je les appelle-tu? *(Elle se tourne vers son téléphone.)* J'ai pas ben le choix anyway…

Sonnerie.

Au secours!

On frappe à la porte.

LA VIEILLE DAME

Qui est là?

LES JOYEUX TROUBADOURS

Les Témoins de Jéhovah!

LA VIEILLE DAME

Mais entrez, voyons!

LES JOYEUX TROUBADOURS

Entrons!

Entrent les Joyeux Troubadours au pas de course.

LES JOYEUX TROUBADOURS

Nous sommes les Joyeux Troubadours
Chiens fous rapaces et vautours
Si nous sommes là
C'est pour vous secourir
9-1-1 et chacun pour soi.

PRIMO

Primo.

SACCO

Sacco.

TERRAZZO

Terrazzo.

BOZO

Bozo.

LES JOYEUX TROUBADOURS

Oummmmmmmmmmm.

TERRAZZO

Huguette, j'en ai une bonne pour toi
Connais-tu l'histoire des deux fifis
Qui voulaient jouer à cachette?

LA VIEILLE DAME

Ben oui.

TERRAZZO

Ben va chier d'abord.

LES JOYEUX TROUBADOURS

Gnak gnak gnak gnak gnak.

LA VIEILLE DAME

Arrêtez.

LES JOYEUX TROUBADOURS

Foum.

LA VIEILLE DAME

Arrêtez, je vous en supplie.

PRIMO

Arrête de capoter.

SACCO

C'est toi qui nous a appelés.

TERRAZZO

On t'a rien demandé, nous autres.

BOZO

Maudite folle.

LA VIEILLE DAME

Messieurs…

LES JOYEUX TROUBADOURS

Foum.

LA VIEILLE DAME

Je suis malade, messieurs.

PRIMO

On te le fait pas dire.

LA VIEILLE DAME

Je ne suis plus capable de fonctionner
Je ne suis plus capable de participer.

SACCO

Y a des médecins pour ça.

LA VIEILLE DAME

Nous courons vers notre perte.

TERRAZZO

Heille, coudonc je te regarde, toi, là
On t'a jamais proposé
de te faire enfermer?

LA VIEILLE DAME

Non.

BOZO

Astheure c'est fait!

LES JOYEUX TROUBADOURS

Gnak gnak gnak gnak gnak.

PRIMO

Bon bon bon bon bon.

LES JOYEUX TROUBADOURS

Bon bon bon bon bon.

LA VIEILLE DAME

Est-ce que quelqu'un parmi vous vit seul?

LES JOYEUX TROUBADOURS

Pis toé?

LA VIEILLE DAME

Pitié!

Elle s'effondre.

LES JOYEUX TROUBADOURS

Hon!

LA VIEILLE DAME

J'étais la secrétaire personnelle du premier ministre.

> *Sur l'air de* Gens du pays, *les Joyeux Troubadours fredonnent: La la la la.*

LA VIEILLE DAME

Les rues sur lesquelles vous marchez
La langue que vous parlez, messieurs
Votre langue
Je me suis battue pour.

LES JOYEUX TROUBADOURS

O.K. O.K. O.K. O.K.

LA VIEILLE DAME

Pourquoi personne vient pus jamais
Parler avec moi?

PRIMO

Parce t'es vieille…

SACCO

Folle…

TERRAZZO

Sénile…

BOZO

Pis laide.

LES JOYEUX TROUBADOURS

Gnak gnak gnak gnak gnak.

LA VIEILLE DAME

C'est tout?

LES JOYEUX TROUBADOURS

Pis tu pues! Ha ha!

PRIMO

(Chanté.) La Vieille Dame est une vieille folle.

LES JOYEUX TROUBADOURS

(Chanté.) La Vieille Dame est une vieille folle.

PRIMO

(Chanté.) Mais on l'aime, on en prend soin.

LES JOYEUX TROUBADOURS

(Chanté.) Mais on l'aime, on en prend soin.

PRIMO

Bon bon bon bon bon.

LES JOYEUX TROUBADOURS

Bon bon bon bon bon.

LA VIEILLE DAME

Pensez-vous vraiment qu'y va falloir
Que je me rouvre les veines
Pour que quelqu'un s'intéresse à moi?

PRIMO

Ah!

SACCO

Gênez-vous pas pour nous autres, han?

TERRAZZO

Aussitôt qu'on va sentir la moindre
Petite odeur de décomposition...

BOZO

On va être les premiers à venir vous voir.

LES JOYEUX TROUBADOURS

Gnak gnak gnak gnak gnak.

PRIMO

Bon bon bon bon bon.

LES JOYEUX TROUBADOURS

Bon bon bon bon bon.

PRIMO

Vous voulez qu'on vous enchante la pomme
Un peu là c'est ça?

LA VIEILLE DAME

J'étais la secrétaire personnelle
Du premier ministre
Vous vous rendez compte?

TERRAZZO

Heille, tu vas-tu te la farmer, ta yeule!

PRIMO

Bozo!

BOZO

T'en fais pas Morocco
Yakof Pakof ne nous échappera pas.

ARIA

CAR MOI JE T'AIME
(HUGUETTE FOUM)

Prêtresse donne la note.

BOZO

(Chanté.) Huguette

Chœur.

PRIMO

Bommmmmmmmmmmmmm bapum bom bommmmmm-
mmmmmmmmm bapum

SACCO

Touououououounn watsi tou touououououounn watsi

TERRAZZO

Foum végué doum pfapum pfoum foum végué doum
pfapum

BOZO

Foum végué doum pfapum pfoum foum végué doum
pfapum

PRIMO

Bom bommmmmmmmmmmmm bapum bon bon ba
bo bon ba bo

SACCO

Tou touououououounn watsi tou won

TERRAZZO

Pfoum foum végué doum pfapum bon bon

BOZO

Pfoum foum végué doum pfapum mwa o

LA VIEILLE DAME

Que c'est qu'y se passe, là?

Reprise de l'intro.

LA VIEILLE DAME

C'est-tu l'heure de mes pilules, là?

Reprise.

LA VIEILLE DAME

Eh, mes snorauds!

Reprise.

BOZO

(Chanté.) Oui moi je t'aime dans la neige
Et je vois le soleiheil
Oui moi je t'aime dans la neige
Et je sais des merveilles

Les matins bleus dans tes oreillers
Et ton corps qui s'épanouit
Toi et moi dans le ciel
Venus du paradis
De l'amour oui l'amour
Oui l'amour
O O O

Oui moi je t'aime dans la neige
Et je vois le soleiheil
Oui moi je t'aime dans la neige
Et je sais des merveilles
Oui moi je t'aime mon amour
Et je t'aimerai toujours
Pour la vie dans mon cœur
Cet instant de bonheur
Et d'amour oui d'amour
Oui d'amour oui d'amour
O O O

Oui moi je t'aime dans la neige
Et je vois le soleiheil
Oui moi je t'aime dans la neige
Et je sais des merveilles

(Parlé.) Oui moi je t'aime mon amour
Et je t'aimerai toujours
Pour la vie dans mon cœur

Cet instant de bonheur
(Chanté.) Et d'amour
Oui d'amour
Oui d'amour
Oui d'amour
O O O
Wo o ou la la la

> *Après une finale dégingandée à souhait, ils saluent, grimacent, rotent, pètent et rouspètent.*

PRIMO

Bon, ça va mieux, là?

TERRAZZO

Vous allez être bonne pour toffer?

SACCO

C'est pas qu'on vous aime pas…

BOZO

Mais y a un peu de t'ça
Pis astheure donne-moi ça!

> *Il s'empare du bouquet de fleurs que, galamment, il lui avait offert.*
> *Ils sortent vivement en maudissant La Vieille Dame.*

LES JOYEUX TROUBADOURS

Gnak gnak gnak gnak gnak.
Maudite folle de maudite folle!

FINALE

LA VIEILLE DAME

Quand t'as entendu parler
Du malheur qui m'était tombé dessus
Est-ce que ton cœur a été triste
L'espace d'un instant?

MARTIN

(À JeanJean:) Pas un mot toi, là.

JEANJEAN

(J'ai rien dit moi.)

dc - jfm

L'homme - Le tambour

Flûterie caverneuse.
Claude au micro, la tête dans une cuve pleine
d'eau.

CLAUDE
Je me souviens
Hier
Un homme sur le coin d'une rue
Oui c'était le coin d'une rue
Hier un homme
Non
Oui
En cherchant son chemin
Il s'est arrêté
Sur le coin d'une rue
Et pendant huit heures d'horloge
Il a contemplé sa chaussure
Mais sans reconnaître le reflet
De cet homme
Dont le visage s'effilochait
Dans les gouttes d'eau qui glissaient
Sur la chaussure
Qui était cet homme
Et où est-ce qu'il allait?

Ça
Je ne m'en souviens pas

dc

CLAUDE

Je ne suis devenu
Qu'une caverne sourde
Dans laquelle
Résonne une voix
Et un tambour qui bat

Je ne suis plus
Qu'un univers fini
À l'intérieur duquel
Les étoiles fixées aux parois
Lentement s'éteignent

Et le tambour
Fait s'écrouler les rochers
Et le tambour
Fait se décrocher les étoiles

Il plonge la tête dans la cuve.

jfm

Alcools 5
(dit le zoo)

JEANJEAN

Excusez-moi d'interrompre le spectacle.

Grommelo vociférant des comédiens.
Roger, choqué, renverse la cuve d'eau.

JEANJEAN

Mon petit gars vient d'avoir
Un accident y est dans le coma
Je voudrais juste savoir
On est-tu pour ou contre l'euthanasie
Nous autres au Québec je m'en souviens pus.

DOMINIQUE

On est-tu pour ou contre ça au Québec
L'alcoolisme je m'en souviens pus.

PRÊTRESSE

Dominique!

DOMINIQUE

Bullshit hostie!

Grommelo exaspéré.

PRÊTRESSE

Heille
JeanJean, on fume pas
Pendant le spectacle.

JEANJEAN

O.K. je fumerai pas
Je vas faire des ronds de fumée
C'est beau des ronds de fumée
C'est de la poésie
Vous êtes des artistes, vous autres
Vous pouvez pas être contre ça, la poésie.

PRÊTRESSE

On va te donner une chaudière d'eau
Pis des petits cailloux
Tu feras des ronds dans l'eau
Ça aussi c'est de la poésie.

SUZANNE

Heille, Catherine, je m'excuse, là
Mais j'ai une scène
Dans le deuxième set
Pis est là, là
Je peux-tu la jouer
S'il vous plaît?

PRÊTRESSE

Joue-la ta scène, Seigneur!

SUZANNE

Quoi, Seigneur
Je vous empêche-tu de jouer vos scènes
Moi?

MARC

Enwoye joue, là, Suzanne, qu'on n'en parle pus.

SUZANNE

Joue, là, qu'on n'en parle pus!
Ça donne le goût de jouer, ça, d'abord.

MARC

C'est pas ça que j'ai voulu dire.

SUZANNE

Non mais, y a pas une convention, moi.
Qui me protège
Actrice normale qui veut faire
Une carrière normale.

ANDRÉ

Actrice normale, actrice normale…

MARC

On joue, là, O.K., on joue?

SUZANNE

O.K., on joue.

> *Au milieu d'un grommelo grandissant, Suzanne se met en place et commence sa scène.*
> *Dominic rappelle à tous qu'il ne fallait pas provoquer Suzanne.*
> *Marc tente de la calmer, elle le repousse. La bataille pogne.*
> *JeanJean se moque de l'anarchie qui commence à régner.*
> *Dominique, provoquée, descend dans la salle pour le mettre dehors.*
> *Dominic torche la scène aspergée et s'en prend à Roger et à Wajdi qui ont entonné l'hymne à Da Giovanni. Ils s'engueulent.*
> *André reprend le monologue aux étudiants.*
> *Prêtresse regagne son piano.*
> *Julie ne sait plus où donner de la tête.*
> *Rien ne va plus, c'est le zoo.*

PRÊTRESSE

La fin du monde approche
C'est exprès qu'on nous tient loin
De la poésie
À tévé la terre tremble à San Francisco
Ils nous montrent San Francisco
La terre tremble pas
Ils nous le montrent pas
Je zappe sur Bosnie-Herzégovine
(Pas pour les Slaves)
Je zappe pour les bombes
(Les Slaves sans bombes c'est à mourir)
Alger Palerme Beyrouth
À quand une bombe sur Oslo
Qu'on me fasse voir un peu de Norvège
À quand un choléra islandais
À quand l'abominable Athénien des neiges
À quand l'assassinat de mère Teresa
Que je revoie les rues de Calcutta
Les poétesses russes
Les Japonais centenaires
Les femmes tchèques
Les peintres amérindiens
Existent-tu en dehors
Des crises pis des festivals
La fin du monde approche
C'est exprès qu'on nous tient loin
De la poésie

> *Prêtresse reprend intégralement son monologue.*
> *Les comédiens descendent dans la salle et errent*
> *parmi les spectateurs en scandant:*

LES COMÉDIENS

À quand à quand
À quand à quand

PRÊTRESSE

Les poétesses russes
Les Japonais centenaires
Les femmes tchèques
Les peintres amérindiens
Existent-tu en dehors
Des crises pis des festivals

LES COMÉDIENS

(Hurlant:) Non

Silence.

PRÊTRESSE

Marc et Suzanne s'il vous plaît

SUZANNE

Facile de faire ma scène astheure
Facile

jfc - dc - jfm

Stand-up tragique

PRÊTRESSE
Ami public
Stand-up tragique

> *Peste se plante là, face au public, la gueule en sang.*
> *Martin Luther King se tape une tarte à la crème au visage et entre.*

MARTIN
Que c'est que tu fais?

PESTE
J'essaye d'empirer.

MARTIN
Pis?

PESTE
Ça va de mieux en mieux.
Pis toi?

MARTIN
J'ai rêvé que j'étais en train de
Perdre la foi.

PESTE

Pense pas à ça.

MARTIN

J'ai rêvé que j'avais perdu
Le sens du dépassement, Peste.

PESTE

Pense pas à ça, Martin.

MARTIN

J'ai rêvé que je me rendais compte
Que tout ça...

PESTE

Pense pas à ça
Je me demande-tu moi
Si mon cul ou ben le cul du monde
Est transcendant quand y me prennent
Par en arrière à cinq piasses la passe
Non
Je le sais qu'y a queque chose
De boiteux en queque part
Qui tourne pas rond
Pis qu'y s'en va nulle part
Mais c'te queque chose de boiteux-là
Tant que ça va marcher tout croche
Ça sert à rien de déprimer
L'espoir c'est de se dire
Que le pire est encore à venir
Pis qu'en continuant de même
On va finir par y arriver
Pis ce jour-là, Martin,
Si en pognant le fond on remonte pas
Là on s'en reparlera
En attendant fais-moi pas chier

Continue de bommer
Pis endure-toi O.K.?

MARTIN

Ouin, moi qui pensais qu'on aurait
La jase de notre vie.

PESTE

La jase de notre vie?
Que c'est que tu veux que je te dise?
Je me méfie comme du sida du monde
Qui veulent me charrier
En me disant où c'est que je devrais
Pis qui c'est que je devrais
Pis avec qui que je devrais pas
Pis pourquoi pis comment
Chapitre vingt-neuf verset dix-huit
Demande-moi pas de te sermonner
Sur le sens du dépassement à soir
Le seul dépassement que je connais
Y est dans le fond d'une cuillère
Si c'est du spanish fly philosophique
Que tu cherches pour te faire bander
Ta petite spiritualité manquée
Va voir le krishna au coin, là,
Y demande rien que ça
De te trouver ton karma — gratis —
Moi, j'ai des pipes à faire
Fait qu'enwoye fais de l'air
Ou ben retourne voir ta mère.

MARTIN

Que c'est que t'as, Peste, à soir?

PESTE

J'ai rien, je te dis que
J'essaye d'empirer
Va me faire chier ailleurs O.K.?

Il s'effondre.
Détonation.

dc

Le chemin

Claude parmi les spectateurs, frappant sur une cymbale.

CLAUDE

Du carré Saint-Louis
Prendre à droite
Et descendre la côte
Puis
Non
Ne pas descendre la côte
Prendre à gauche
Traverser au feu
Avant la côte
Longer le boulevard
Un deux trois feux
Jusqu'au parc
Toujours tout droit
Longer le parc
Un deux trois feux
Jusqu'au bout du parc
Ne pas me laisser égarer
Par les arbres et les écureuils
Qui s'y balancent
Suivre les feux
Puis au bout du parc

Au feu
Traverser du côté de cette côte
Et descendre la côte
Oui
Descendre la côte
Descendre
Descendre
Ne pas me laisser égarer
Par les pigeons par les passants
Descendre toujours tout droit
Jusqu'au bout
Et là
Là
Se trouve le pont
Qui monte vers les étoiles

dc

La paix

Mélancoliques pianoteries.

PRÊTRESSE

Je rêve du jour où
Je n'aurai plus besoin
Que personne m'aime jamais
Ni un chum
Ni un père
Ni une mère
Ni un public
Personne

JEANJEAN

La paix…

PRÊTRESSE

La paix, oui,
La paix…

dc

La femme de ta vie

Rhapsodie pour alto et chœur de femmes

> *Maria, seule à l'avant-scène.*
> *Derrière elle, la Vieille Dame assise.*
> *Peste plantée là.*
> *Prêtresse au piano.*

MARIA

Je voudrais être une femme
Une vraie

CHŒUR

Une femme

MARIA

De terre et de sang

CHŒUR

Une femme

MARIA

De miel et d'enfants

CHŒUR

Une femme

MARIA
Pour ramener le ciel jusqu'à toi

CHŒUR
Une femme

MARIA
De chansons, d'oiseaux

CHŒUR
Une femme

MARIA
De jardins et de jets d'eau

CHŒUR
Une femme

MARIA
Pour créer le monde avec toi
Je nous imagine déjà
Je voudrais être la femme de ta vie

Chanté-parlé.

MARIA
Je ne suis rien qu'une

CHŒUR
Fille

MARIA
Une vraie

CHŒUR
Une fille

MARIA
De l'air et du vent

CHŒUR

Une fille

MARIA

De fiel et d'ouragan

CHŒUR

Une fille

MARIA

Pour ramer la tempête jusqu'à toi

CHŒUR

Une fille

MARIA

De chiffon, trouée

CHŒUR

Une fille

MARIA

De crayon et de papier

CHŒUR

Une fille

MARIA

Pour détruire l'amour avec toi
Je nous vois assez aller
Je ne suis pas la femme de ta vie

pr

Me, myself et pas trop down

Strip-tease

Jazzantes pianoteries macabres.

PRÊTRESSE

Qui est Martin Luther King?
Qui est Martin Luther King
Au-delà de l'image du martyr sanguinolent
De l'époque révolue des utopies lyriques
Et du grand rêve de nos arrière-grands-pères
De voir un jour l'humanité libérée du cynisme
Et de la dérisoire marche de l'histoire?
Pour lever le voile sur les mystères
Du plus grand visionnaire
Et du plus grand rêveur du vingtième siècle
(Après Robert Bourassa)
Passons maintenant à la partie strip-tease
De notre spectacle
Voici un homme qui n'a rien à cacher
Parce qu'il n'a rien au monde
L'héritier spirituel de son clown de père
Y est soûl comme une botte
Y est gelé comme une barre
Y a pas vingt ans
Mais on jurerait qu'il est déjà mort

Ami public
Martin Maria Luther King Casarès junior

> *Entre Martin Luther King en Maria Casarès qui*
> *se dévêtira.*
> *La Vieille Dame chante au micro, suivie par*
> *Martin en «lipsync».*
> *Les comédiens font chœur et orchestre.*

ME MYSELF ET PAS TROP DOWN

> *Chanté-dansé.*

LA VIEILLE DAME

Je n'ai rien à cacher
Je n'ai rien à montrer
Je suis déshérité
Je suis dépossédé
Je ne sais pas je ne sais plus
Je ne sais pas je n'ai jamais su
Je ne sais pas
Qui être quoi être pour être
Me myself et pas trop down

Je n'ai rien à rêver
Je n'ai rien à déclarer
Je suis déboussolé
Complètement raté
Je sais pas je ne sais plus
Je ne sais pas je n'ai jamais su
Je ne sais pas
Qui être quoi être pour être
Me, myself et pas trop down

> *Solo de trompette et effeuillage.*

Prêtresse

Il n'a rien à cacher
Il n'a rien à branler
Il est émasculé
Complètement castré
Il ne sait pas il ne sait plus
Qui être
Il ne sait pas il n'a jamais su
Quoi être
Il ne sait pas
Qui être quoi être pour être
Lui lui-même et pas trop down

> *Nudité de Martin Luther King.*
> *Détonation et tarte à la crème au sexe.*
> *Il s'effondre.*
> *Pleins feux.*
> *Rideau.*

dc

Troisième set

Alcools 6

JeanJean, seul en scène, au micro.

JEANJEAN

Ami public imaginez un instant
Imaginez qu'on vous encule avec un balai
Pour la première fois
C'est pas vrai imaginez-le pas
C'est une farce
Oups trop tard
Y en a qui l'ont imaginé
Je voulais juste voir si y avait encore
Quelque chose qui pouvait se passer
Entre nous autres
C'est bon de savoir que la violence
Nous fait encore quelque chose
On se dit pas assez souvent ces choses-là
Des choses comme
Je t'aime tellement que
Je te crèverais les yeux avec un râteau
Ami public
Le râteau qui me crève les yeux
Et le bout du balai qui chatouille
Mes intestins
Je les imagine chaque soir

Je voulais simplement partager
Ce petit plaisir-là avec vous.

jfm

Prêtresse monte sur scène et s'assoit au piano.

JEANJEAN
J'aimerais maintenant vous interpréter
Une petite chanson de mon ami
Jacques Brel
Qui s'intitule
Voir un ami pleurer
Et ça va comme suit

Mélodie.

(Catherine, ma note s'il te plaît.)

Elle lui donne sa note.
Mélodie..

«Bien…»
(Catherine, ma note s'il te plaît.)

Même jeu.

«Bien sûr il y a les guerres d'Irlande
Et les peuplades sans musique
Bien sûr tout ce manque de tendre
Il n'y a plus d'Amérique»
(Non y a pus d'Amérique, non)
(Y en a pus d'Amérique…)

Silence.

«Avec le temps

Va tout s'en va…»

Mélodie.

«Ne me quitte pas…

Mélodie.

Ne me quitte pas
Je ne vais plus pleurer
Je ne vais plus parler
Je me cacherai là
À te regarder
Danser et sourire
Et à t'écouter chanter et rire
Laisse-moi devenir
L'ombre de ton ombre
L'ombre de ta main
L'ombre de ton chien
Ne me quitte pas
Ne me quitte pas
Ne me quitte pas.

(Merci.)

Il retourne au bar.

dc - nh
(Avec l'aimable collaboration
de Jacques Brel et Léo Ferré.)

Au secours

Funk pour basse, trompette et batterie

Après avoir présenté les régisseurs et les artistes invités, Prêtresse dédie sa chanson à JeanJean.

PRÊTRESSE

We're gonna fuck tonight

Musique.

Au secours
Assis au bar de La Licorne
Il boit
Une bière, un scotch, une tequila
Quelle importance
Puisqu'il boit
Libre ce soir comme tous les soirs
Il est venu voir Neiges noires
Et maintenant devant le show
Il rit, il pleure, il s'enrage
Et parfois
Quelquefois
Il sourit
Non, ne vous leurrez pas
Son sourire ne sourit pas

Derrière sa bouche, derrière ses dents
Il crie: Je me noie!

> *Pause et présentation des musiciens.*
> *Reprise et solo de trompette.*

Assis au bar de La Licorne
Il boit
Une bière, un scotch, une tequila
Quelle importance
Puisqu'il boit
Le rideau tombe sur le rêve
Retour sur terre et ça l'achève
Et maintenant
Il parle, il parle à la serveuse
«On ferme», lui dit-elle
Il sourit
Tanguent les pattes de chaises
Retournées sur les tables
Océan de mégots
Sur le plancher mouillé
Le pont du bar chavire
Et où trouver le port
Le pont du bar chavire
Et où trouver le port?

> *Pause.*

You know what?
I'd like to fuck you all.

> *Reprise et pause.*

Baby! You just hit my G spot.

> *Reprise.*

I love you my babe.

pr

Combien

Ballade sentimentale pour piano et voix

MARIA

Combien
De lendemains amers
À regarder mes mains
Palper la triste chair
D'un quelconque matin
Sans toi

MARIO

Combien
De coups de reins géants
Balancés de tout cœur
Dans le vague néant
D'un incertain bonheur
Sans toi

MARIA

J'ai mal
Je crois que j'ai mal
Au chagrin qui ne vient pas

MARIO

J'ai mal
Je crois que j'ai mal

Au chagrin qui ne part pas

MARIA

J'ai mal

MARIO

J'ai mal

MARIA

J'ai mal

MARIO

J'ai mal

MARIA

J'ai mal

MARIO

Tu as mal

MARIA

J'ai mal

MARIO

On a vachement mal

MARIA

J'ai mal

MARIO

Ouin

MARIA

J'ai mal

MARIO

Ayoille

MARIA

J'ai mal

MARIO

C'est comme ça que vous dites au Québec, ayoille?

MARIA

J'ai mal

MARIO

Eh bien, ayoille

MARIA ET MARIO

J'ai mal

pr

La complainte du Démon

Ballade western pour guitares, basse, batterie, cloche à vache et chœur

PRÊTRESSE
Quand j'étais petite y avait
Une expression courante
C'était
Le monde s'en va sur la bum

Astheure que je suis grande
Je pense qu'on peut poliment dire
Le monde est rendu
Où y s'en allait quand j'étais petite

jfc

Ami public
La complainte du Démon

> *Orgues, lumières et boucane d'enfer.*
> *Entre Le Démon déchu, perdu dans sa fumée,*
> *vêtu d'une veste country et d'un chapeau de*
> *cow-boy cornu.*

LE DÉMON
(Parlé.) Comment voulez-vous prendre plaisir

À damner des âmes déjà tordues
Et toutes trouées?
Comment voulez-vous pourrir
Une âme sale sans repentir?

Qu'y a-t-il à faire ici pour un démon?
Tout le monde est pourri
Les autres sont cons

Musique.

CHŒUR

Pourri pourri pourri
Pourri pourri pourri
Pourri pourri pourri
Pourri

LE DÉMON

Trouvez-moi un prêtre qui n'est pas satyre
Une mère qui n'est pas martyre
Un politicien qui n'est pas vendu
Un docteur qui n'est pas tordu

Le chirurgien est un malade
L'infirmier est un nono
L'ambulancier est un sadique
Les policiers sont des deux d'pique

Le chirurgien, un malade
L'infirmier, un nono
L'ambulancier, un sadique
Les policiers, des deux d'pique
Malade, nono, sadique, deux de pique

Qu'y a-t-il à faire pour un démon
Tout le monde est pourri
Les autres sont cons

Solo de guitare.

Depuis que
L'homme de droite est un raciste
L'homme de gauche est un fasciste
L'homme de centre est un abruti
Tous les crétins sont ses amis

Le président est un escroc
Le banquier est un salaud
Le vitrier est un vandale
Et les machos sont des pédales

Le président, un escroc
Le banquier, un salaud
Le vitrier, un vandale
Et les machos, des pédales
Escroc, salaud, vandale, des pédales

Qu'y a-t-il à faire pour un démon
Tout le monde est pourri
Les autres sont cons

Qu'y a-t-il à faire pour un démon
Tout le monde est pourri
Les autres
Tout le monde est pourri
Les autres
Tout le monde est pourri
Les autres sont cons

jfm

La Vieille Dame

Opérette - quatrième acte

*La Vieille Dame debout devant Martin qui porte
une main à sa tempe.
Détonation. Il s'effondre, puis se relève.
Même jeu* ad nauseam.

LA VIEILLE DAME

Laisse-moi pas, Martin
Tu peux pas me laisser toute seule
Martin
Viens viens dans mes bras, là
Ça fait tellement longtemps
Que je t'ai pas pris dans mes bras
Mon enfant
Martin tu peux pas mourir avant moi
T'es mon fils, Martin
Tu sais un fils, Martin
Tu sais ce que c'est un fils, Martin
Un fils, Martin
N'importe quel fils
Pour n'importe quelle femme
Martin, arrête de mourir, Martin
Arrête de mourir
Combien de fois

Je t'ai regardé vivre, Martin
Combien de fois
Je t'ai regardé dormir
Et que j'ai senti
Tout mon désespoir s'évanouir
Parce que t'étais là
Mon fils
Mon prince
Ma promesse
Mon héritier à moi
La chair de ma chair
Le sang de mon sang
Martin, arrête de mourir
Arrête, Martin
Arrête, Martin
Martin, tu vas arrêter de mourir
Tout de suite
Ou ben c'est moi qui meurs

> *Cymbale.*
> *Martin et La Vieille Dame s'effondrent.*
> *Ils ne se relèvent plus.*

dc

Le train au bout du tunnel

Obscurité.
Caché par un faisceau lumineux face au pu-
blic, Claude va à reculons.
Goutte d'eau périodique et caverneuse.

CLAUDE
J'ai l'impression
D'avoir commencé à oublier
À l'entrée d'un tunnel
Et que pendant quelque temps
Je me suis dit
Que j'avais juste
À suivre la lumière
Pour me sortir
De l'obscurité
Maintenant je sais
Qu'il y a un train
Au bout du tunnel
Mais je continue d'avancer

Et je m'en vais
D'où je viens
Solitaire et perpétuel

Gong.
Claude erre dans le théâtre.

jfm

Le dernier rêve

Peste assise à l'avant-scène, face au public.
Entre Martin Luther King en rampant.

MARTIN

Je savais que je te trouverais ici.

PESTE

Je t'attendais
Pis?

MARTIN

Je viens de faire mon dernier rêve
J'étais couché je rêvais
Pis j'ai rêvé que j'avais
Les yeux ouverts.

PESTE

Fallait ben que ça finisse par arriver
Han?

MARTIN

Oui…
Je me suis réveillé
Je me suis levé…

PESTE

Pis t'es venu me trouver.

MARTIN

Oui... ça va être l'heure, Peste.
Tiens.

Il lui donne une bombonne de crème fouettée.

MARTIN

Tiens.

PESTE

Attends encore un peu, veux-tu?

MARTIN

Non Peste, j'ai rêvé que c'était ma fin.

PESTE

Ben c'est pas une belle fin.

MARTIN

J'ai rêvé que c'était pas une belle fin
J'ai rêvé que je me réveillais
Pis qu'en me réveillant
Le pire était à venir
Que n'importe quoi d'autre
Ferait aussi mal l'affaire
Pis qu'y avait pas de raison
D'attendre
J'ai rêvé
Que j'allais m'étendre aller m'éteindre
Tout seul dans mon cercueil
Comme en me cachant
En essayant de pas trop faire de bruit
Pas réveiller ma mère qui dormait
Pis c'est rendu là
Couché là
À fin de mon rêve
Que je t'ai vue ici assis
Sur la chaîne de trottoir

En train de m'attendre
C'est le temps là, Peste.

PESTE

Pourquoi ça serait moi?

MARTIN

Parce que j'ai rien que toi
Pis que tu m'as promis.

PESTE

Pis moi?

MARTIN

Non Peste
Tu m'as promis.

PESTE

…

MARTIN

Je ferme les yeux, là, O.K.?

PESTE

C'est ça, ferme les yeux.
Que c'est que tu vois?

MARTIN

Rien
Le même vide, le même…

PESTE

Désarroi…

MARTIN

Oui, le même…

PESTE

Cauchemar…

MARTIN

Oui...

PESTE

Pis les yeux ouverts?

MARTIN

Même chose. *(Il l'embrasse.)*

PESTE

Ferme les yeux. *(Elle secoue la bombonne et s'emplit la main de crème.)* Ça achève, Martin.

MARTIN ET PESTE

«Tu peux, avec tes
Petites mains, m'entraîner
Dans ta tombe — tu
En as le droit —
Moi-même
Qui te suis moi, je
Me laisse aller —
— Mais si tu veux, à nous
Deux, faisons...

MARTIN

Une alliance

PESTE

Un hymen,

MARTIN ET PESTE

Superbe

MARTIN

— Et la vie
Restant en moi

PESTE

— Et la vie
Restant en moi

MARTIN ET PESTE

Je m'en servirai
Pour —

PESTE

— Et la vie
Restant en moi
Je m'en servirai
Pour —
— Et la vie
Restant en moi
Je m'en servirai
Pour*»

> *Elle lui plaque la tarte au visage.*
> *Martin résiste, puis ne bouge plus.*
> *La Vieille Dame s'avance, face au public.*

LA VIEILLE DAME

Quand t'as entendu parler
Du malheur qui m'était tombé dessus
Est-ce que ton cœur a été triste
L'espace d'un instant?

dc

---

*   Stéphane Mallarmé, *Pour un tombeau d'Anatole*, fragments.

Le chemin de la morgue

Peste court à rendre l'âme devant Martin
étendu sur le sol.
La Vieille Dame sort lentement derrière elle.
Prêtresse matraque son piano.

PRÊTRESSE

On a retrouvé ce matin
Peu avant le déjeuner
Le corps d'un petit garçon
Mort assassiné dans un fossé
Sur le bord de l'autoroute
Sans médaille à son cou
Le meurtre le plus attendrissant
Sur l'échelle de Richter
Depuis l'annonce de la mort de Bobino

D'autre part les chiens
Se sont révélés incapables
D'identifier l'enfant
Qui avait le visage
Complètement calciné
Noirci par on ne sait quel malheur
Sans qu'il y ait pourtant trace
De désespoir apparent
Quoique quoique quoique
Certaines odeurs

De solitude radioactive
Aient été maintes fois constatées
Dans la région depuis le suicide
Collectif survenu on s'en souvient
À la garderie de Saint-Glinglin
En septembre de l'an dernier

Pour sa part le premier ministre
A déclaré
Qu'il n'avait rien à déclarer
Histoire de conserver
Toute sa marge de manœuvre
Quant à l'avenir de la nation
L'avenir de la nation

Qui était ce petit garçon
Où allait-il
D'où venait-il
Pourquoi se trouvait-il là
Sur les abords de l'autoroute
Toutes ces questions
Sont demeurées
Des questions

dc

Requiem

Walking pour basse, piano et batterie

Peste au micro, à bout de souffle.

PESTE
Je me shoote jusqu'au sang
Moman
Je me shoote jusqu'au sang
M'as prendre un gun
M'as me tirer dedans
Pis ça va être le fun
Je me shoote jusqu'au sang
Moman

Je veux mourir étranglée
Par celui ou celle qui m'aime assez

Je veux mourir enchaînée à la voie ferrée

Je veux mourir cinglée, clouée à la démence
Par la semence d'une seringue aiguisée

Y pouvait pas survivre Martin
Y pouvait pus survivre
Y était trop fucké dans son corps
Y était trop blessé dans sa tête
Pour survivre

Je veux mourir chaise électrique
La tête éclatée contre un mur de brique

Je veux mourir les tympans crevés
Par le feedback de l'enfer
Je veux mourir en train de venir
En me roulant à terre

Je veux mourir comme un homme qui éjacule
D'ailleurs c'est ça qui va m'arriver

Je veux mourir comme un homme qu'on émascule
Tant qu'à faire

J'y ai dit Martin
J'y ai dit Martin
C'est pas vrai
Ça se peut pas
Tu peux pas être
Si malheureux que ça
C'est pas vrai
Tu vas voir
Tu vas t'habituer
Mais tu voulais rien savoir
Mon tabarnak
L'enfer c'était icitte
Pis ça te prenait moi pour
Te délivrer

Je veux mourir noire
De sommeil
Pour jamais me rappeler
De toute ce qui m'est arrivé

Je veux mourir par le sang qui va couler
À travers ma peau trouée

Je veux mourir
Comme un héros dans un film de guerre
Je veux pas être la conne
Qui est pognée

À rester
Pour brailler

Je veux mourir
Comme une étoile
Dans dix millions d'années

Gong.
Noir.

jfm

Je me souviens

Claude dans la pénombre.
Gong.

CLAUDE
Je me souviens...
Ah oui, je me souviens...
Non...
Je ne me souviens plus...

Silence.
Noir.

jfm

Alcools 7

Entre JeanJean, l'air fini.

JEANJEAN

Excusez-moi… Y a-tu quelqu'un qui pourrait appeler ma femme? Y a pas personne qui pourrait appeler ma femme? Y a-tu quelqu'un qui sait si j'ai encore une femme, moi, pour s'occuper de moi?

PRÊTRESSE

JeanJean…

JEANJEAN

Non, laisse faire…
Je reviens
Je vas revenir
Inquiète-toi pas, je vas revenir
Je reviens tout de suite.

Il sort.

dc

Enterrement

Procession au flambeau pour chœur d'hommes et de femmes

Martin Luther King étendu sur son cercueil.

LE CHŒUR

Puis y a eu
Martin Luther King
Le rêveur
Décidé
À rêver
Y a eu Martin
Son âme
Sur le rayon
Pourri
Du rêve
Inerte
Lentement
Mes excès
Sur cette piste de lumière
Ralentissent
Martin
Luther King
Crève l'abcès
Je danse dans la chaudière

Sans y croire
Le bonheur
Retentit
Rêvé
I have a dream

> *Martin est porté dans le cercueil qui se refer-*
> *mera.*

LA VIEILLE DAME

Et tombe

LE CHŒUR

Ailleurs que dans la vie
Abandonné
Par le rêveur
D'oublier
Le mourant en chute libre
Mon existence
Qui ne rêve plus
Ne meurt plus
Le rêveur down a disparu
Ailleurs qu'ici
M'entendez-vous
Éveillé
In the depths of death
Martin Luther King
J'oublie
Martin Luther King
J'oublie
Martin Luther King
J'oublie...

> *Noir.*

jfm

Épilogue

Gospel pour voix nègres,
orchestre et claquettes

*Sur le cercueil, Prêtresse et La Vieille Dame psal-
modient.*

L'ÉPILOGUE
Ami public rebonsoir
La scène est toujours à Montréal
Mais comme vous pouvez le constater
C'est pas parce qu'on n'a pas bougé d'ici
Depuis deux heures et demie trois heures
Qu'on s'est pas perdus en queque part
Alors pour la finale du spectacle
Et la suite du monde
J'aimerais faire appel
À votre esprit de fraternité
(Je comprends que le mot soit un peu fort
Mais c'est tout ce qu'on a trouvé)
Je vous demanderai pas de vous lever
Ni de frapper dans vos mains
Ni de vous taper la tête sur la table
Ni de grimper dans les rideaux
Ni de payer une bière à votre voisin

Je vous demanderais seulement ami public
De faire une petite place dans vos cœurs
Au sens de la vie
Qu'on soit quelques-uns ce soir
À repousser la mort et l'insignifiance
Pour porter à bout de bras
Ce qui nous reste de raison de vivre
Merci beaucoup ami public.

Il sort.

PRÊTRESSE

Toi...

LA VIEILLE DAME

Toi...
Prends ma main
Prends ma main
Et laisse-moi
Te chanter
Le ciel
Le ciel s'éclaire
Pour toi
I have a dream
I have a dream
I have a dream
I have a dream
For you
I have a dream
I have a dream
I have a dream
I have a dream
I
Have
A
Dream

Elles ouvrent la tombe. Martin sort la tête.

MARTIN LUTHER KING
Alleluia!

*Martin ressuscite.
Exubérance et joie dans le chant nègre.
Martin et Claude dansent la claquette sur la tombe.*

TOUS
(Chantant.) I have a dream
Alleluia
I have a dream
Alleluia!
(Ad vitam æternam.)

Noir.

dc

Montréal
Juin 1991-Novembre 1993

Choix de critiques

«*Cabaret neiges noires*: punk, vulgaire, cruel, mais... génial! C'est la pièce maîtresse d'une nouvelle génération qui crève la grosse baloune du rêve américain. Et ça fait mal. Ce spectacle va à la limite de tout ce qui est permis de dire ou de faire sur une scène à Montréal... le spectacle le plus «sauté» qu'on ait vu à Montréal et au Québec depuis longtemps... L'une des manifestations artistiques les plus pures, les plus authentiques... Cette pièce était inévitable, essentielle et elle fera époque...»

JEAN BEAUNOYER,
La Presse

❏

«L'année se termine avec le succès de l'auteur et metteur en scène Dominic Champagne...'*Cabaret neiges noires* est admirablement défendu par une dizaine de comédiens qui se prêtent à tout, des tours de chant au strip-tease intégral. [...] On en sort tonifié, plus vivant.»

La revue de l'année, *Voir*

❏

«Dans dix ou quinze ans on parlera encore de *Cabaret neiges noires*. [...] La salle comble se lève d'un trait, applaudit à tout rompre et en redemande... S'il n'en tenait qu'au public, le spectacle ne durerait pas trois heures, mais cinq ou six. Un spectacle total, un vrai show de cabaret avec des chansons, des passages de délire, des rires qui succèdent à la tragédie, un strip-tease, un laisser-aller infini dans lequel la poésie est reine de l'ennui miraculeusement absent. *Cabaret neiges noires* est un miracle. [...] On libère quelque chose qui nous dépasse...»

ANNE-MARIE LECOMTE,
La Presse

❏

«Les joyeux troubadours, les nôtres, sont là, soulevant un public en délire [...] des spectateurs conquis qui réclament sans relâche rappel sur rappel.»

DIANE PAVLOVIC,
Festival Intercity, *Voir*

❏

«... un spectacle qui tire sur tout ce qui bouge, un spectacle de la démesure qui même dans ses moments les plus graves, les plus sombres, sait raviver, sait-on encore le dire, l'espoir. La fin du spectacle est un morceau qu'il faudra rejouer plus tard. [...] L'équipe de création fait la preuve d'une habileté remarquable.»

YVES JUBINVILLE,
Spirale

❏

«... Intempestif *Cabaret neiges noires*... dirigé de façon percutante... Une équipe de dix acteurs s'est lancée là à corps perdu... Cette approche sauvage a les mérites de sa charge à fond de train...»

GILBERT DAVID,
Le Devoir

❏

«... Je qualifierais ce spectacle de génial... le travesti joué par Marc Béland est bouleversant... sa mère aussi. C'est vraiment désespéré, désespérant. C'est burlesque, c'est grotesque... À voir... c'est excellent...»

FRANCINE GRIMALDI,
CBF Bonjour, Radio-Canada

❏

«Un spectacle qui vous fera rire. Il y a des numéros extraordinaires... Je vous encourage fortement à y aller, c'est une chose extrêmement troublante. Il y a des morceaux d'une crudité époustouflante...»

DANIEL PINARD,
VSD Bonjour, Radio-Canada

❏

«Un phénomène qui suscite une sorte d'engouement chez les jeunes générations.»

MICHEL LABRECQUE,
Dimanche Magazine

❏

«*Cabaret neiges noires*, c'est une pinte d'ivresse, un show d'acteurs, un show engagé, un show qui vous frappe. À voir. Il y a parfois de ces pièces fétiches qui vous giflent en pleine face avant que vous n'ayez le temps de les comprendre. *Cabaret neiges noires* est pire que ça. J'ai encore de la peine à respirer... Une énergie pure...»

ROLAND-YVES CARIGNAN,
Le Devoir

❏

«L'équivalent contemporain de l'Osstidcho... On en sort tellement comblé... C'est un cirque, une découverte, un spectacle unique et extraordinaire.»

RENÉ HOMIER-ROY,
Hebdo Qui

❏

«La salle sombre dans l'euphorie. [...] Les prestations des acteurs sont si époustouflantes... Traditionalistes, puritains, bouchés et petites natures s'abstenir!!!»

ANNE-SOPHIE KOBRYNSKY ET VIOLAINE COUSINEAU,
Le Trait d'union

❏

«La salle croule sous les rires... Les spectateurs ont réservé un accueil délirant aux acteurs... amplement mérité.»

CARMEN MONTESSUIT,
Le Journal de Montréal

❏

«J'ai eu un véritable choc, c'est complètement délirant... Un grand moment du spectacle, c'est Roger Larue qui interprète Claude Jutra... C'est complètement flyé, capoté... À remarquer la fameuse chaise, c'est du

Dali… Des costumes extraordinaires… une force… un dynamisme… des comédiens forts… Attachez-vous à votre siège… C'est une manière d'Osstidcho… Allez voir ça, vous m'en reparlerez.»

MONIQUE GIROUX,
Montréal Express, Radio-Canada

Table

Deuxième set

Troisième set